【中国人格读库】

国家新闻出版广电总局

培育和践行社会主义核心价值观主题出版重点出版物

晏 子

论君子操守

高占祥 主编

周殿富 注释

北京时代华文书局

图书在版编目（CIP）数据

晏子论君子操守 / 周殿富注释. — 北京：北京时代华文书局，2014.9（2022.3 重印）
（中国人格读库 / 高占祥主编）
ISBN 978-7-80769-838-8

Ⅰ．①晏⋯ Ⅱ．①周⋯ Ⅲ．①先秦哲学 ②《晏子春秋》—注释 Ⅳ．① B220

中国版本图书馆 CIP 数据核字（2014）第 199542 号

晏子论君子操守
YANZI LUN JUNZI CAOSHOU

主　　编｜高占祥
注　　释｜周殿富

出 版 人｜陈　涛
责任编辑｜邢　楠
装帧设计｜程　慧　赵芝英
责任印制｜訾　敬

出版发行｜北京时代华文书局 http://www.bjsdsj.com.cn
　　　　　北京市东城区安定门外大街 138 号皇城国际大厦 A 座 8 楼
　　　　　邮编：100011　　电话：010 - 64267955　64267677

印　　刷｜三河市嵩川印刷有限公司　0316 - 3650395
　　　　　（如发现印装质量问题，请与印刷厂联系调换）

开　　本｜787mm×1092mm　1/16　　印　张｜11.5　　字　　数｜109 千字
版　　次｜2016 年 1 月第 1 版　　印　　次｜2022 年 3 月第 3 次印刷
书　　号｜ISBN 978-7-80769-838-8
定　　价｜39.80 元

社会主义核心价值观与中国人格

周殿富

社会主义制度在中国已经建立了六十余年，而我们党则在本世纪初叶提出了培育弘扬社会主义核心价值观的重大课题，显然是其来有自。

社会主义的道德风尚在新中国蔚然兴起，曾经那样地风靡于二十世纪中叶。邓小平同志曾经在改革开放中讲过，当年"这种风气不仅是中国历史上从来没有过的，而且受到了世界人民的赞誉"。然而可惜的是，这个在社会主义制度建立与实践中，同步兴起的社会主义道德风尚的成长道路，却是一波四折。半个多世纪以来，它先是与共和国一道遭受了十年"文革"的浩劫；接着便是全党工作重心转移到改革开放进程中，欧风美雨"里出外进"的浸洗濡染；再接着是西方"和平演变"在东欧得手的强烈震荡与冲击；最后又是市场经济中那两只"看不见的手"在搅动着、嬗变着人们的价值取向。至少在国民中出现了价值观上的多层次化，传统美德的弱化，社会道德文明水准的退化，光荣革命传统的淡化，这也许正是中央在本世纪初提出社会主义核心价值观的原因吧。

不管怎么"变"，怎么"化"，当我们回首来时路，却不能不说，中华民族真的很强大，很值得骄傲。人类经历了几千年的文明进程，堪称世界文化之源的"五大文明古国"，其他四大古国文明都已被历史淘汰灭亡，只有中国成了唯一的延续存在。近现代即使那般的积贫积弱，被西方列强豆剖瓜分、弱肉强食，想亡我中华都不可能，就连最强大的美帝国主义，最凶残的日本军国主义都成为我们的手下败将，而且打出了一个新中国，且跨过整整一个历史阶段，直接进入了社会主义。西方敌对势力几十年不遗余力地对新中国百般围剿，"冷战""热战""和平演变"手段用尽，连如此强大的前苏联乃至整个苏东阵营都被瓦解了，而社会主义的旗帜仍旧在960万平方公里的土地上高高飘扬，而且昂首挺胸地屹立在世界的东方，中国真的是太强大了。几十年来的瞩目成就，竟然令西方发出了"中国威胁论"。你管他别有用心也好，言过其实也好，总比让别人说我们是"瓷器"，是"东亚病夫"好吧？1840～1949年的一百零九年间，中国尽受别人的欺负、"威胁"了，我们也能让那些昔日列强有点"威胁感"，又有什么不好？更何况这是他们自己说的啊！我们并没吹嘘，也没有去做。几千年来我们侵略过谁呢？"反战""非攻""兼相爱，交相利"，中国古有墨子，近有周恩来、邓小平同志。这也是中华民族固有传统美德的延续吧！

生于忧患，死于安乐，这也当是中华民族的一个传统美德吧？几十年来尽管中国如此繁荣兴旺，但从邓小平生前一直到党的"十八大"以来，无论哪一届中央领导集体，从来都没有忘记过国之忧患。忧在何处，患在何处呢？

二十世纪八十年代末，邓小平同志曾经在半年的时间内四次提到：中国改革开放十年最大的失误在教育，在"对青年的政治思想教育抓得不够""对人民的教育不够"，足见他的痛心疾首。他晚年时又提到了"国格"与"人格"的问题，讲道："谈到人格，但不要忘记还有一个国格。特别是像我们这样第三世界的发展中国家，没有民族自尊心，不珍惜自己民族的独立，国家是立不起来的。"

（精装版《邓小平文选》第3卷331页。）

人们很少注意到邓小平的这一段话，但邓小平恰恰是在这里把"国格""人格"提升到了事关"立国"的高度。

那么，什么是我们社会主义的"国格"呢？邓小平讲得很明白："民族自尊心""民族的独立"。

新中国一路走来，我们最大的尊严便是完全靠"自力"，靠"艰苦奋斗"，而达"更生"之境。对西方敌对势力的"冷战""热战""和平演变"，我们何曾有过屈服？也正是在这一前提下，我们才有真正的"民族独立"。这就是我们的国格。那么什么是我们中国人的人格呢？邓小平同志在这里没有讲，但他在1978年4月22日召开的全国教育工作会议上的讲话中，在讲到我们的教育培养目标时，至少提到与社会主义人格相关的各个方面：革命的理想，共产主义的品德，勤奋学习，严守纪律，艰苦奋斗，努力上进，爱祖国，爱人民，爱劳动，爱科学，爱护公共财产，助人为乐，英勇对敌，集体主义精神，专心致志地为人民工作，等等。这里的哪一条不属于社会主义人格的范畴呢？

2006年党的十六届三中全会，第一次提出了"建设社会主义核心价值体系"的历史性命题和战略任务。2007

年，胡锦涛同志在"6·25"讲话中又具体提出这个"体系"包括四个方面的内容：①马克思主义的指导思想；②中国特色社会主义共同理想；③以爱国主义为核心的民族精神和以改革创新为核心的时代精神；④社会主义荣辱观。这四个方面，一是信仰，二是理想，三是精神，四是道德文明，哪一个不在社会主义人格的范畴之内呢？党的十七届六中全会又提到了社会主义核心价值体系是"兴国之魂"。

2012年11月，在党的"十八大"上又用"三个倡导"把社会主义核心价值观概括为十二项：①倡导富强、民主、文明、和谐；②倡导自由、平等、公正、法制；③倡导爱国、敬业、诚信、友善。而且中办文件又把这"三个倡导"分为三个层面：第一个"倡导"的四项，是国家层面的价值目标；第二个"倡导"的四项，是社会层面的价值取向；第三个"倡导"的四项，是公民个人层面的价值准则。实际上前两个"倡导"的八项都是属于"国格"范畴，而第三个"倡导"是属于"人格"范畴。

那么，我们怎样才能在前面讲到的那些历史嬗变中培育建构起这个"核心价值观"呢？中共中央政治局的第十三次集体学习，似乎很明确地回答了这个问题。

新华社北京2014年2月25日电讯称：中央政治局在2月24日，以弘扬社会主义核心价值观，弘扬中华传统美德为内容，进行了集体学习，习近平总书记在主持学习时强调：

　　培育和弘扬社会主义核心价值观必须立足中华优秀传统文化。牢固的核心价值观，都有其固有的根本。抛弃传统、丢掉根本，就等于割断了自己的精神命脉。博大精深的中国优秀传统文化是我们在世界文化激荡中落稳脚跟的根基。中华文化源远流长，积淀着中华民族最深层的精神追求，代表着中华民族独特的精神标识，为中华民族生生不息、发展壮大提供了丰厚滋养。中华传统美德是中华文化精髓，蕴含着丰富的思想道德资源。不忘本来才能开辟未来，善于继承才能更好创新。对历史文化特别是先人传承下来的价值理念和道德规范，要坚持古为今用、推陈出新，有鉴别地加以对待，有扬弃地予以继承，努力用中华民族创造的一切精神财富来以文化人，以文育人。

　　习近平总书记的这段论述相当精辟，对于如何培育建构社会主义核心价值观问题从四个方面剀切明白。

第一，他明确指出要在中华优秀传统文化的基础上，来构造我们的社会主义核心价值观，而不能割断历史。这一条十分重要，否则我们便会失去我们的本来面目，便会成为无源之水，也就无法走向未来。

第二，指出了中华传统美德是中华文化精髓，蕴含着丰富的思想道德资源。这就为我们揭示了社会主义核心价值观，要以弘扬优秀的中华传统美德为基础。

第三，他指出，对传统文化在扬弃中继承，在继承中创新。这就是说，社会主义核心价值观的内涵，既要有优良传统的文化精神，也要有时代精神，是二者的有机结合。

第四，他指出要用中华民族创造的一切精神财富，来化人育人。这就是说，弘扬中华民族文化，并不只是传承儒学那些道统，而是要弘扬全民族共创的优秀传统文化。同时也就是说，培育、弘扬社会主义核心价值观的根本目的是化民、育人。

尤其值得瞩目的是，习近平总书记在这次讲话中提到了一个"中华民族独特的精神标识"问题，而在同年的全国组织部长会议上又提出我们再也不能以GDP论英雄的思想。让人欣慰的是，思想道德文化建设终于被提升到一个民族的标识地位，这至少表明中国人的思想观念，并不落伍于世界潮流。

并不受人欢迎的亨廷顿生前给他的祖国提出的警示忠告，竟是如何弘扬他们没有多少历史和文化的"传统文化"："盎格鲁新教精神——美国梦"，以此为国家的"文化核心"问题。他讲道："在一个世界各国人民都以文化来界定自己的时代，一个没有文化核心而仅仅以政治信条来界定自己的社会，哪有立足之地？"所以，他提醒他无限忠于的祖国，一定要巩固发扬他们自入居北美以来，在新教精神基础上形成的"美国梦"理念的"文化核心"地位，这样才能消解这个国家的民族与文化双重多元化的危机。为此，他甚至预言美国弄不好会在本世纪中叶发生分裂。而且他公开预言不列颠大英帝国也会因民族与文化多元化的问题，导致在本世纪上半期发生分裂。

西方的一些专家学者们也十分强调国家民族文化的地位问题，柏克说："全世界的人根据文化上的界限来区分自己。"丹尼尔同样说："保守地说，真理的中心在于，对一个社会的成功起决定作用的是文化，而不是政治。开明地说，真理的中心在于，政治可以改变文化，使文化免于沉沦。"这些语言也可能有它们的局限性与某种非唯物性，但至少可以让我们看到那些发达的资本主义国家在想什么，至少与马克思主义经典作家们，关于意识形态并不总是消极被动地接受它的经济基础的论断并不相悖。

中国显然具有世界上最悠久的民族文化，同时显然也拥有世界上最强大的政治优势。新中国包括它直接进入社会主义的经济形态，以及其后的一次次经济变革，哪一次不是靠政治力量在强力推动呢？它当然同样拥有让我们几千年的民族文化"免于沉沦"的能力。有学人认为我们的民族文化早就被以往一次次的历史性灾难割裂了，这个看法显然都是毫无道理的。但我们当下却确实面临着"两个传统"失传失统的危险。中国的传统文化与优秀的民族美德，在当代国民中还有多少传承？老一代中国共产党人用生命与鲜血铸就的光荣革命传统，在党内还有多少"光大"？我们现在全民族的"核心文化"到底在何处？"社会主义核心价值观"的提出不仅符合世界潮流，也是使我们优秀的民族文化得以传承而不发生历史断裂的根本保证。富和强永远都不是一个民族的标志，哪个国家不可以富，不可以强？但能代表中国"这一个"本来面目，具有自己民族特色的，唯有中华民族的文化，能代表中国人形象的只有中国独具的道德人格。什么是人格？人格就是原始戏剧中不同角色的本来面目。

综上所述，我们是不是可以这样认为，社会主义核心价值观应内含如下的成分：中华民族传统文化中的优秀传统美德；中国人民近现代反帝反侵略反封建的爱国主义、斗争精神与中国共产党领导下形成的几十年光荣革命传统；中国化了的马克思主义有中国特色社会主义的共同理想；与"中国梦"远大目标相适应的时代精神。由这些内涵构成的社会主义核心价值观，用它来干什么呢？用习近平总书记的话来说就是"化人""育人"，把它再具体化一下，无非是打造能体现中华民族特色，代表中国形象的国格、人格。在思想道德层面上，一个国家的民族精神也只有在人的身上才能体现，所以我们依据社会主义核心价值观的基本要求，针对当代青少年的实际情况，策划了《中国人格读库》这样一套大型系列选题。

本套书承蒙全国少工委、中华文化促进会、团中央中国青年网三家共同主办推广，并积极提供书稿。难得高占祥老前辈热情出任该套书的编委主任，且高占祥同志不辞屈就加盟主创作者队伍。一些大学、中学教师与青年作者也积极加盟此套书的编写。该选题被国家新闻广电出版总局列为2014年全国社会主义核心价值观重点选题，在此一并鸣谢。

希望本套书的出版能为社会主义核心价值观的培育与弘扬，为促进青少年的道德人格养成起到积极的作用。欢迎广大读者与作家对不足之处批评教正，多提宝贵建议与指导意见。

谨以此代出版前言并序。

二〇一四年十月

于北京时代华文书局

一枝独秀的"士君子"官德节操经典

先秦诸子中的经典之书，似乎很少有与政治无关的。就是开三玄之门的老庄学说，也不乏治国之道、御民之术，更无论诸子百家之他者。而他者所诉多是政治棋局之外的旁观者务虚之言，《晏子春秋》记述的则是一个当途执政于一国三君五十余年政坛棋局中人的操盘之道与棋术。

有道是旁观者清，当局者迷。其实未必尽然。俗言不养儿不知父母恩，没生过孩子的人，他怎么讲父母之心、我母劬劳都不得其三昧，诚如庄子与惠子所论"子非鱼"，你怎么知道鱼的乐与不乐呢？所以又有云"纸上得来终觉浅，绝知此事要躬行"。这就和柏拉图、亚里士多德的政治学再高明，也没有马基雅维利的政治学更实用的原因一样。

是的，《晏子春秋》所述，本非晏子手撰之著述，且有人疑为他人杜撰的伪书。而若以此论，那中国古代便无史籍可言了。至少此书在司马迁写《史记》之前便已存在了，《管晏列传》中就记有"太史公曰：吾读……及《晏子春秋》，详哉其言之也"。后人读前人之书何须辨其真伪？就是本人之真迹，若无可观处，也自当弃之如敝屣就是他人假托之言，只要言之可采，言之有理，便当奉为立身处世圭臬。什么是真？合于情、合于理、无违于道便为真，不合天、地、人、物四道者便皆可称伪。因而，对古人著述，不可轻言其伪。而读者自有辨其真伪的能力，轻言真伪者非唯徒劳，且有混淆视听之嫌。

《晏子春秋》与《四书五经》大大不同。后者多是问道求学的学问之书，或记言以论理，或记事以辨忠奸是非，或以文学而载道，或是纯粹的规范教义。而前者则是合记言与记事、论理为一体，记录了一位执政者的行迹，它所描述的只是具有个性化的"这一个"，而不是泛泛而言，因而它具有不可替代的唯一性。而在体例体裁上则与《庄子》的风格迹近。《庄子》多寓言玄谈，以鱼鸟为鲲鹏，而论虚无于无何有之乡。《晏子春秋》则完全寓至理名言之花，于政治现实林苑与个人行迹的万绿丛中，具有较强的故事性与可读性。与《尚书》《战国策》《国语》的体裁各有相与之处。全书一以贯之地都是以晏子为主线来述记，基本上记录了他一生的行迹与思想，其个体史料价值远高于诸子之书。连司马迁都赞其述录之详而为之简文略笔。

《晏子春秋》从整体上看，仍是一部儒学经典，其核心还是在推行仁政王道的政治思想，而反对霸道；以民生民意为上，而以治人者为其次；以忠义礼智节俭律己尚贤为大德，而以奸诈、暴力、虐民、骄奢、任奸远贤为无道。尤其是通篇贯串着一种古代优良的"官德"思想与士君子应该坚守的节操之论相当精彩，足为今日当途者鉴。

因本选题纳入国家重点选题《中国人格读库》小丛书中，所以本书在《晏子春秋》中精选了与"君子"相关部分进行摘编直解，来与读者分享共赏。而所谓"士君子"则指官场中的君子之人。笔者水平有限，绠短汲深，有舛误不当之处，欢迎批评教正见谅。

敬谢于兹，权充以序。

周殿富

2014年8月16日于北京寓所

晏婴小传

读《史记·管晏列传》，见太史公只给了晏子八百余字以为传，很以为非，而且他在写《晏子传》之前是读过《晏子春秋》的。所以便很怀疑这位名贯古今的太史，是否对晏子不屑于笔墨。但读到最后一句时，方为之大快朵颐。

那么，司马迁《晏子传》的最后一句说了什么呢？他写道："假令晏子而在，余虽为之执鞭，所忻慕焉！"翻译过来就是："假如晏子还活着，我能够为他拿着鞭子给他当个马夫，这也是我心中所仰慕欣慰的啊！"而他在给尧舜二帝列传时，结尾处也不过只赞叹了一句："能让天下，贤哉二君。"

一个能让这位从三皇五帝到秦皇汉祖，从帝王君主到圣贤侠贾，一路褒贬过来的太史官，情不自禁地发出如此之赞叹的晏子，又到底是何许人物呢？下面就从《史记》与《晏子春秋》二书所述，及有关文献所载，来认识一下这位大名鼎鼎的历史人物。

晏子是与孔子同时代的人。是齐国莱地夷维人氏，就是今天的山东高密人。出身于齐国的官僚家庭，父亲名晏弱，是齐灵公时代的上大夫。晏子的名字叫晏婴。表字为仲，去世后被谥为"平"，是以后人多称其为晏平仲。仲，可能他在家中兄弟间排行为次子，而后人加给他的一个"平"字的评价那就太高了。古人称大禹治理山川水土为"平"，称大地之道为"平"。所以对他加以这个谥字，对他的评价是相当高的。而且那个时代，对去世的人加谥，那是必须以一个字而与他一生的行迹相应，每个谥字，都规定好了特殊含义的。而这个"平"字，大概就是对他有平治综理天下才能的一种盖棺论定的表述吧。

晏子一生事奉、辅佐过齐厉公、齐灵公、齐庄公、齐景公四位君主，也有称他是事奉过后三公的。而《晏子春秋》所记录的只有后三公时代的事，而且以景公时代的述录居多，灵公、庄公时代的述录则不足十之一二。因其是齐国管仲以后最为著名的贤相，所以司马迁把他与管子并列，合著为《管晏列传》。

司马迁在《史记》中首先论述他为什么能够历事三公而"显名于诸侯"。司马迁给他总结了四条：

其一，以节俭立身，以贫善为师。司马迁首称其在灵公、庄公、景公三朝，"以节俭力行重于齐"。什么意思呢？就是说晏子能历事三朝，在三朝都能见重于国人，重用于朝，是因为他能身体力行节俭二字。节，就是所取者少。先看看他怎么"俭"：司马迁称"即相齐，食不重肉，妾不衣帛"，就是说他虽贵为大国的首相，但吃饭的时候，很简单，很少有一餐两菜的时候，而妻子穿的都是粗布衣服，而不着锦帛。

汉代刘向在所校的《晏子》一书中则称："晏子衣苴布之衣，麋鹿之裘，驾敝车疲马，尽以禄给亲戚朋友，齐人以此重之。"要说一个大国的宰相，能穷到穿旧布衣服，而不穿天下名牌；驾破车老马而弃名车宝马；饮食简单到餐不重味，谁信呐？而且，那个时代的宰相是国家总理，年薪比现在的总理高多了，一年有"万钟粟"的俸禄。那么，一钟是多少呢？是六斛四斗，也就是六十四斗；一斗是多少呢？十升为一斗，大约为五十市斤。十斗为一斛，便是五百市斤。齐国那时的容量单位与此有异，我们按通常标准计算，那么一钟粟便有三千二百斤，一万钟粟的俸禄，就是说他一年的年薪有三千多万斤的粮食。而当时的齐国度量单位，容器大概是四进位的，就是打一半折，也有近万吨粮食，很显然，这个万钟只是形容多的一个概数吧？他怎么能吃得完呢？刘向说他"居相国之位，受万钟之禄，故亲戚待其禄而衣食五百余家，处士待而举火者亦甚众"。他把多余的粮食都施舍给他的亲戚朋友与平民，至少养活了数百家人。

这是他的"俭"。我们再看他的"节"——不多索取。他把自己高薪收入的钱财都分给大家，自己的日子过得很穷，朝臣们到他家里看过后，都被他感动，便说给景公听，就连晏子十分反对的宠臣梁丘据都去向景公帮他反映他家吃饭连肉都没有，所以齐景公便不断地给他封地，他却说："如果先王总是把土地封给臣子，那到了您这代，早都没有土地可封了。"齐景公见他家的宅子太小太破旧，又给他建了新房子，因为拆了附近的民居，他便说什么也不肯入住，而是让人把被拆的民房又建了起来；景公见他的衣着太寒酸，便又赐与他千金白狐之裘，他说什么也不肯接受；景公又赐给他金钱，他多次不受，后来实在盛情难却，便收了下来，但却把这些钱分给大家，说这是君王恩赐给他们的。

齐国的贵族田（陈）桓子劝他这样做会让景公很不高兴的，他却说：只有少从君主那里索取收受财物，君主对你的宠信才会长久；只有你居家节俭于内，在外面才有好名声，你说的话才有人信，有人听。而齐景公也问他：难道是君子就一定要拒绝富贵吗？他多次回答道：我怎么会拒绝富贵呢？但您让我来治理朝政，如果我用了您赐给我的高车骏马，穿着您赐予的千金之裘，我已经有了很高的俸禄，还要接受你所加赐的土地钱财，那我怎么要求百官节俭不奢呢？天下的老百姓还不富足，我一个人去那么满足，那还怎么要求百姓安贫乐道呢？更何况我有车可乘、有宅可居，一餐所食够三个平民所用，怎么还能说贫穷呢？我听说人没有不因富而骄的，而我至少能做到以贫、善为师。如果接受了您的那些额外的赏赐，那不等于换掉了我的老师，而以富贵为重了吗？

晏子的节俭，让那个奸臣梁丘据感叹道："我到死也赶不上你啦！"孔子也对他的弟子说："晏子用自己的节俭来事奉喜欢奢侈的齐君，真是一个君子啊！"而墨子也叹道："晏子懂治国之道啊！"

其二，以亲三族、礼贤下士、惜民饥苦，而得君心，得天下民心，得诸侯礼敬之心。那么他的以俸禄养家族、母族、妻族都各有所安也算是美德吗？中国自古以来，帝王之道便重九族亲睦才能使天下和谐、万邦归服。所以时人都很敬重晏子贵而不弃其亲，重其能接济穷人。而在他执政期间，不但自己节俭，而且力劝君主轻赋税，减劳役，由国家赡养鳏寡孤独；轻刑罚，不能草菅人命，且在齐国君主刀下直接救过许多无辜者的性命。所以让孔子感动地对弟子们说："救民之姓（生）而不夸，行补三君而不有，晏子果君子也！"

司马迁还引用了晏子车夫之妻的一段话来称美晏子的礼贤下士：晏子的车夫有一次拉着他从自己家门走过，车夫的妻子从门缝看见她的丈夫"意气扬扬，其自得也"地为晏子驾着马车。晚上车夫回家后，他的妻子便要与他离婚归去。车夫十分惊诧，忙问怎么了。他的妻子说道："早晨我看见车上的那个晏婴，身材那么矮小，高不过六尺之躯，身为齐国之相，名显于天下诸侯，但以我观之，此人却志大念深啊！神态那么谦卑自下，这种人深不可测啊！而你身高八尺，不过是为人家驾车的一个仆夫，但却那么一副趾高气扬志满意足的样子，你还会有什么出息呢？"从此，这个车夫一改常态，大有君子风度，有如脱胎换骨。晏子很奇怪，便问他怎么回事。车夫便十分惭愧地把妻子的话告诉了晏子。晏子后来见这个车夫确实大为改观，便推荐他做了大夫。

燕国有一位游学天下的大学问家叫泯子午的，来齐国拜见他，但一见他便很紧张，竟然不能完整地表述自己的思想，晏子便主动礼敬地帮他镇定下来，把谈话进行下去。客人走后，他却反而责备自己让这样见多识广、游说天下、不以王侯为重的人都如此紧张，那么齐国中的贤士得有多少好的思想因不敢见他而听不到啊？

还有一位叫作越石父的贤士，因为家庭生计所迫，不得不卖身为奴仆。晏子在出使归国途中见到衣衫褴褛，背负柴草而气度不凡的越石父，便用自己的一匹马为他赎身，把他拉回家中，礼敬为上宾。

一位住在齐都城北的穷人叫北郭骚的，也是一位贤者，每天都以织网、草编为生计，来养活其老母。但仍无法让其母衣食丰足，听闻晏子大贤大义，便进城来拜见晏子不卑不亢地以求借养母。晏子十分重视孝顺的人，便让家人分给他很多粮米与金钱，但他并不诚惶诚恐，也不爱钱财，只取其米以养母。后来，晏子受到景公的怀疑，便辞职出奔。路过北郭骚家门时进去辞行。北郭骚忙沐浴更衣出来拜迎晏子，让晏子等候了一阵子。见面后听说他将出逃，便只说了一句："先生一路平安吧。"便不再言语，显然这是送客之语。晏子十分失望，上车后自叹道："我落到逃亡的地步真是无可抱怨，我连识人都如此不明，还说什么呢？"

当他逃到都城之外的郊区时，后面有使臣追来，不久，齐景公亲自驾到来恭请他回朝，并向他不断地道歉。原来那位北郭骚听说晏子来了便知其有难，所以便先沐浴准备以身为他殉难。晏子走后，便提剑携一竹篮找到他的一位朋友说："晏子是一个十分令人钦佩的仁义君子，所以我曾向他借米养母。我听说受人养母之恩，就该肯为他解危赴难。如今晏子受疑而出逃，我应该以死来证明他的无辜。但你得帮我个忙，我自刎后，你把我的头装在竹篮里，去送给景公证明晏子的无辜。"

两个人来到宫门前对守门卫士讲道："齐国如此安定，因为有晏子在。如果让这样的贤人离开齐国，那我们的国家一定会受诸侯侵犯。与其看到那一天还不如死了的好。我要用我的头颅来证明晏子的无辜，拜托把我的人头和我的话送给我们的君主。"言毕横刀饮剑而亡。他的那位朋友把北郭人头装在篮子里哭拜后，起身拾起那把血剑对守门者说道："我的朋友是为了国家而死，那我就值得为我的朋友而死。我死后，请把我的头与我朋友的头放在一起，送给君主。"说罢也自刎而亡。齐景公见了两颗人头送上为晏子讼冤才如梦方醒，这才亲自去追回了晏子。晏子听说此事后，又悲叹了一句："我遭受流亡不是太应得了吗？谁让我如此不了解人的呢？"

在庄公时代，晏子曾因反对庄公的以武勇治国而被排挤出朝。有一次穷兵黩武的齐庄公为了封闭准备发动对莒国侵略战争的消息，便关闭了城门。城中的贵族、大户、百姓都以为宫中发生了动乱，便纷纷拿着武器跑上了街头，谁也劝不回去，吓得庄公毫无办法，便采用了一位大臣的主意：派人到街上宣布晏子还在宫中。街上那些不安的人们听到这个消息才收起武器各自回家。由此可见晏子在士族与百姓中享有多高的声望。

齐国都城有"四大家族"互相争斗，而以田氏最强，连齐景公也说服不了，但也仍听他的劝解，对他十分敬重。

齐景公曾一度认为自己有治国的才能，所以便批准了晏子辞职的请求，而由自己亲自处理政务，但很快他就认识到自己不行，就连京城中的贵族纠纷他都处理不了，马上请晏子回来，从此一直到晏子去世，也不肯批准他辞职。为此，墨子叹道："晏子懂得治国的道法（知道），景公知道自己不行（知穷）。"

晏子不但善于处理内政，而且还是十分杰出的外交家，他出使的都是吴、楚、鲁、晋、燕等大国，尽管也有人为难他，但终于都被他一一以自己的德行、智慧、节操而征服。所以齐景公时代，虽然齐国谈不上霸主，但各国都与之友好邦交，向齐国进贡。而在晏子去世，景公之后，齐国便再也没有过如此的局面，而且自姜太公吕尚开始的齐国统治权，也由齐姜氏转移到了大贵族田陈氏手中。

其三，以忠正敢谏为自己的政治操守，而不为了保官而苟同应合君主。司马迁评价道，他之所以连事三君而国君信之，天下诸侯重之，是由于"其左朝，君语及之，即危言；语不及之，即危行。国有道，即顺命；无道，即衡命。以此三世显名于诸侯"。好，我们来看一下晏子在君主面前是怎样危言、危行；顺命、衡（抗）命的。

齐庄公时代以其身自勇武便主张以勇力立国，重用武士。一些大力士们受殊宠而横行于朝，弄得大臣都不敢进忠言。他便劝齐庄公说："自古以来那些靠勇力立国的无论是勇气还是武力，都用在兴仁义除邪暴上。如果去掉仁义，只凭勇力立世，如果诸侯如此便会'国危'，而匹夫如此，就一定要'家残'。如今您只凭借自己的勇力，而不顾于行仁义，让那些有勇力的武士们横行肆虐，这与夏桀商纣的亡国之行为没什么两样，不过是重蹈他们的覆灭之辙。"

齐庄公本来十分重用他，不断地给他以封赏，但由于他不断地劝谏而从不应合于他，他一要讨伐其他诸侯，晏子都投反对票，又总是与他所宠的武士作对，又反对他的骄奢淫逸，便开始疏远晏子。于是晏子每一次劝谏无效后便向庄公上交一块封给他的土地。于是齐庄公便由疏远，进而开始讨厌他了。有一次，齐庄公喝酒时，让人编了一支不尊重晏子的乐曲，然后请晏子入朝陪酒。晏子一入门，乐曲大作，晏子还以为是欢迎他。可是一直演奏三次，他才听清歌词的大意是：我的心里很不喜欢你，你还来干什么？你为什么还要来。晏子一听便离席坐在地上。庄公问他这是为什么？晏子恳切地答道："我听说诉讼之人是要坐在地上的，我今天要和您诉讼一番，怎敢不坐于地呢？我听说那种倚靠人多势众而不顾仁义，倚靠自己强大而不讲礼节，喜欢一勇匹夫而讨厌贤者的人，必然会祸及其身。我怎么琢磨怎么都觉得这话就是在说您呢？而我对您的所有建言都不被采用，我还留在这里干什么呢？愿请身去。"说完了没等庄公答话，便依礼节退出。

晏子回到家中后，马上清理财物，该交公的交公，该处理的处理。连车马都留下，自己徒步出城，走到东海边上的荒地中去以农耕为生，过上了农民的生活。而且对仆人说道："我有力量为百姓办好事，便出任高官受高薪，不辞富贵；如果没有力量为民谋利，便去自食其力而不恶贫贱。如今我辞去了职位，交还了所有封赏，什么都不欠他的了，也就轻松了，用不着再陪他去死了。"果然第二年，齐国便发生了"崔杼之难"，齐庄公竟被叛乱的大夫崔杼杀死。而景公时代，他也多次因景公无道而辞职。有一次景公问晏子他能否做到像齐桓公那样成为天下霸主，晏子直言道："桓公称霸是由于左有鲍叔牙，右有管仲这样的贤人。而大王您的左边是奸小，右边是宠姬，怎么能称霸天下呢？"这就是司马迁所说的"国有道即顺命；无道，即衡命"吧！

无论国内朝臣，还是出使他国，总有人问他同一个话题：你能以一身而事三君，是不是心机很多啊？而晏子的回答则是：以一心而可事百君，而以三心事一君犹不可，而何事三君？他的"一心"就是一心忠于国事，忠于职守，而绝不三心二意。在晏子事奉的三位齐公中，没有一个是贤明君主，其中景公最为花天酒地，但他也是最为敬重晏子，肯纳谏的一位。因而晏子对齐景公的劝谏也是最多的，而且多直言不讳，许多话讲得十分尖刻；所以，司马迁对他有"危言"之称；他还经常以辞职、出奔为谏的，所以司马迁对他又有"危行"之称。好，我们下面再来看一下他都是怎样以尖刻的"危言"、"危行"来劝谏齐景公的。

齐景公十分爱喝酒，是个出类拔萃的酒鬼，有时一连喝了七天七夜，让一个叫弦章的大臣以死相要挟为谏才罢宴止酒。有时醉酒三日不醒。有一次景公与群臣宴会，喝得高兴了便下令："今天我乐于和各位大夫们喝个痛快，大家随便，不要拘于什么礼节啊！"一旁的晏子马上变了脸色劝道："君王的话错了，只有禽兽才以力治而不讲礼治。您现在要群臣去礼，则是禽兽也。礼不可无也。"这一类的话，便称得上是"危言"了。但齐景公非但不听，反而十分不悦地把脸扭到一边去不理他了。

好，你不是不理我吗？我也不理你了，你不号召大家无礼吗？那我就按你的意思办。晏子便只顾自己快乐，与群臣喝五吆六地大喝起来。群臣哪见过晏子如此啊？便都来和他推杯换盏，把景公晒在了一边儿。景公很不舒服，便起身更衣。按仪礼要求，君王出入席，首相至少要起立恭迎揖送的。但晏子不理他。齐景公实在忍不住了，便对晏子说道："先生刚才还对我说礼，难道忘了吗？这就是你的礼吗？"晏子这时才放下杯子离席一拜说道："我刚讲的话怎么能忘呢？我不过想演习一下给您看，如果不讲礼节，那就是刚才的样子，您看可以吗？"齐景公有个好处，服理认输。马上说道："孤家知罪了，请先生马上入席，寡人闻命了。"齐景公按礼仪关于君主酒宴三巡而止的规定，在酒过三巡后，便罢席。并由此成为规矩。这就是司马迁说他"君语及之，即危言；语不及之，即危行"的典型例子，君主有不对之处，我便用极端的话来劝你；语言劝不听，就用极端的行为来劝你。而且他还经常以辞职要挟来劝谏景公。

有一年，齐国连下十七天大雨，景公不考虑防汛救民，而是认为外面下大雨正好喝酒玩乐，便在宫中大摆酒宴，日以继夜地喝酒。晏子三次奏请开仓救民，他都不理。而且宫中歌女无数尚嫌不足，还让内臣柏据冒雨去民间到处寻找有新味儿的歌女来助酒。晏子没办法，便回家在门口搭起了帐棚，把自己家的粮食全部搬出来，装在坛坛罐罐盆瓮中，摆在家门口的大街旁来救济那些大雨中屋毁断炊的贫民，然后又一次入宫去找景公算账，这回他是不客气了。

他讲道，大雨下了十七天，乡乡都有房屋倒塌的，村村都有断炊的，孤苦无助，求借无门，走投无路。而您却如此歌舞玩乐，用国库上好的粮食喂你的宠马，用牛羊肉粥喂你的宠狗，后宫女妾饱餐粱肉，您对自己、对宠物宠人是不是太厚而待民太薄了啊？您如此怎么能受到百姓的拥戴呢？而我身为国相都解决不了民饥民溺的事，这是我的罪过啊！您就在这里继续喝你的酒，玩你的乐吧，我可不陪你了。拜拜。晏子说完，伏地三叩正式拜请辞职。没等他回话，便起身出宫快步离去。

景公慌忙离席来挽留，但晏子已出宫了。外面下着大雨，他便驾车去追晏子，一直追到晏子家门，只见他家门前摆满了盛粮的大小器皿，来往者都是来受赈的灾民，心中真是既感动又惭愧。但不见晏子，便又一直向前追去。追上晏子后，马上下车冒雨跟在晏子身后泥步泞行，边走边说："这是寡人的罪过，我知道我不配有先生这样的贤人辅佐，但先生就不顾念国家百姓了吗？我愿意把国库的粮食钱财全拿出来随你分放救民。"晏子这才回到朝廷去指挥救灾赈民去了。

晏子分派百官到四乡去赈灾。命令管粮物的大臣负责按户普查放粮：轻灾户发一月粮食衣物；重灾户发一年的粮食衣物；没柴烧的发给柴薪。保证家家有饭吃，不得饥寒无衣。命令管钱财的大臣去组织修建房屋，分给毁房危房人家以修缮的钱财，保证家家有房住。而且要求三天内办完，迟误的以违抗朝命论罪。而景公也在宫内罢宴，下令后宫减食，犬马停止喂饲粮肉，朝臣减薪，宠幸、酒徒免赏，全力以赴支持救灾工作。三天后，晏子总结阶段性救灾工作：三天内救济灾民一万七千家，放粮九十七万钟，发柴薪一万三千车；修复水毁房二千七百家，花钱三千金。晏子又乘势奏请将后宫歌女乐人减少三千人，驱逐出宫，各归乡里。

齐景公在晏子面前是有谏便纳，有错就认，但却是屡谏屡改，屡改屡犯之徒。而晏子则不厌其烦地对他软硬兼施、屡弃不离。因为他爱这个国家，爱老百姓，也对景公有知遇感恩之心，但他绝不为此而迁就姑息讨好于景公。他认为这就是忠诚，就是对景公的回报。而且他的忠诚是忠于国家，忠于百姓。而不只是忠于君主一家一姓，对此，他直言不讳。齐景公问他："当君主有难，或者流亡时，一个忠臣应该怎样做呢？"他的回答却是："有难不赴，流亡不陪"。景公不悦地问道："这怎么能算忠臣呢？"他却说："真正的忠臣，要辅佐他的君主，不让他有危难、流亡去国这样的事发生。否则他死了、陪了又有什么用呢？"而且他还公然说道："如果国君为国而死，那么臣下就该为君而死。否则是不能陪亡国之君殉难的。"晏子的忠君观真的是远高于那种愚忠之人。

齐景公身边围着一圈儿如同梁丘据一类的奸佞谗臣，不但喜酒宴狗马游乐，而且滥赏无功，滥杀无辜。他的马死了，便要杀养马的人；有人弄伤了他喜欢的一棵槐树，他也要杀人。而且他还喜欢奇装异服装时尚。有一次穿着花衣服，披散着头发，搂着女人，驾车出宫，竟被守门的兵卒斥责他不是齐国的国君，搂头一鞭子把马打回去了，不让他出宫。这些事都让晏子帮他处理得很圆满，反为他赢得了不少好名声。但有一次让晏子忍无可忍，又辞职了。为什么呢？

齐景公对他的近臣说："连临死的人都还想寻欢作乐呢！我怎么能为了仁义二字，就去过那种比受刑的人好不了多少的日子呢？"晏子听说后，便去见景公说道："正因为你不行仁义，而喜谗言宠信小人、奸臣、宫妃，所以，这些人有恃无恐、胡作非为，把朝内朝外搞得乌烟瘴气，而忠臣贤人反而受排斥打击。我听说君臣之间合则留、不合则去。你这样做，我是不能再留下来了。我没有别的办法了，也只能是'臣请逃之'了。"说完便催马加鞭逃出了京城。

景公马上派一个叫韩子休的近臣去追赶晏子，并传他的话说："是我不仁才弄成今天地步，我愿意听从先生的教导。先生如果不回来，那么你走到哪里，我就随你到哪里去。"晏子被感动了，才又回来辅政。有一次一个幸臣送给景公一位歌女，这位叫虞的歌女不唱正歌古乐，专唱邪俗小调，让景公新鲜地听了一个通宵，第二天都没上朝。晏子知道后，便把这位虞女关了起来。齐景公却说："国家大事，我听先生的。像我听听闲歌这样的小事，先生就别管了。"晏子寸步不让地说道："这些靡靡之歌，都是亡国之音，怎么能说是小事呢？您忘记了夏桀、商纣是怎么亡国的吗？"奸臣们还给他送来一位楚地的女巫，在宫中迷惑景公。晏子知道后，便把这个女巫流放到东海边去劳改，把那个奸臣关押起来。而且还因为晏子的建议，把那些宠臣不断地分权、免职。晏子的一生似乎就在这种进谏的生活中度过的。最高的劝谏频率达到过"一日三谏"。即使如此，齐景公仍然对他终生敬重。

那么，景公对他敬重到什么程度呢？不只言听计从，也不仅是不断赏赐，而是把他当成了不可或缺的助手，终生礼敬。在晏子去世时，他正在外地游玩，听说后便催马加鞭往回赶，嫌马车跑得慢，他就跳下车来拼命地跑；没有车跑得快时，便上车催马疾驰。如此几上几下才回到京城，便直奔晏子家中。边走边哭说："天降罪应降到我身上，怎么降到了我先生的身上。"见到晏子的尸体便伏尸痛哭。大臣劝他这不合礼仪，他却回答道："我的先生都不在了，还讲什么礼不礼的！"一直到晏子去世十七年后，他还怀念地说道："先生在时，对我一日三谏。可是自从先生去后，我怎么连一句说我不好的话都听不见了呢？"

其四，智勇仁义，有勇气胆色。作为一名忠臣，能做到危言、危行并不难；做到有道顺命、无道衡命也不难。难的是，你这样成天像个乌鸦式的哓哓不止，而且动辄辞职，谁还亲你信你用你啊？但晏子一切出以公心，心好，从不以此为自己沽名钓誉，而且多以智谏成事，既不伤害君主，又不伤害忠臣百姓，同时又能让自己的良苦用心得以付诸实践。这才是晏子见重于天下的最大优长之处。类似于"二桃杀三士"，智斗楚国君臣非难的故事，屡见不鲜。而且他又善于把一些"恶性"事件，转化为好事，既不使君主蒙受恶名，又不使当事人和百姓受害，而他自己又从不宣扬自己，而是轻描淡写，以谦谨避祸。连孔子对他都大为佩服，不止一次说他是君子。晏子不但具有高超的政治智慧、外交智慧，而且很善于不因小事使自身受到伤害，而临大节则义不容辞，不避生死危难。尤其是临崔杼之难而大义凛然的那种精神，不仅名扬当世，就连司马迁都为之佩服钦叹不已。而今读来也可见古人节操的震撼之力。

司马迁在《史记》中写道："方晏子伏庄公尸哭之，成礼然后去，岂所谓'见义不为无勇'（见义勇为的出典）者邪？至其谏说，犯君之颜，此所谓'进思尽忠，退思补过'者哉！"这是在讲晏子对于国家、君主的礼义忠勇，也是对他的一种综合评价。

那么，"晏子伏庄公尸哭之"不是很正常的事吗？臣子为君主的去世而恸吊是很正常啊，为什么司马迁这么重视此事呢？因为庄公之死既不正常，晏子的"伏尸而哭"也十分不同寻常。

自从晏子退隐东海之后，朝中无贤臣辅政，但却让庄公大可其意，对外不断发动战争，对内则残暴而荒淫无耻。而让他惹祸上身的是竟然与大夫崔杼的小妾棠姜勾搭成奸。为了方便自己的苟且之事，便不断派崔杼外出率兵打仗，自己却潜入崔宅与棠姜苟且鬼混。后来被崔杼的同党庆封发现。尽管庄公加封此人为大夫，庆封也信誓旦旦表态只忠于庄公。但崔、庆二人为了谋反，勾结在了一起，崔杼自然知道了此事，便佯装生病而在家中埋伏下武士甲兵。这个不知死之将至的庄公迫不及待地潜入崔宅，却被崔逮个正着，不但毫不留情地把他杀死，而且毫不掩饰地把文臣武将拘押起来，发动政变。

这事本来与晏子毫无干系，但他在东海岸荒野中听说此事后，心中仍是十分悲伤。此时朝臣们想逃都逃不了，而晏子却毫不犹豫地从东海赶入朝中去自投罗网。无论生死，他必须去为庄公吊唁，这是最起码的君臣大义所归，何况他曾是庄公的旧日首相。

到了崔杼家，崔杼问他为什么不去殉死却跑到这里来。晏子大义凛然地答道："国君若为国而死，大臣自该为国君而亡，如今他如此而死，我又不是他的婢女，难道他被缢死，我便也得去上吊吗？"于是从容不迫地走到庄公死尸前，一见庄公遗体不禁悲从中来，伏尸痛哭，依照丧礼规定尽足了礼数后便起身离去。崔杼的手下要杀了晏子，他却说此人人望太高，杀一人而失万民之心，便把晏子与那些大臣们拘禁在了一起。

崔杼与庆封命人在空地上筑了一个大土台，在台下挖了一个大坑，让众臣都站在坑边，命令大家一个一个地与他歃血为盟，要宣誓忠于崔、庆二人而不再忠于国君。崔杼命人端着血酒，走到一个人面前，便命武士把戟钩在他的脖子上，把剑对准他的心窝，逼他喝血酒宣誓效忠。抗拒者杀头，推入坑中。走到晏子跟前时，被杀死在坑中的已有七名忠臣。晏子毫不抗拒地主动擎杯在手高高举起，向苍天朗声誓道："呜呼！崔子无道而弑其君，以此血酒祭我的君主，誓死不与崔氏乱臣贼子结盟，否则便天诛地灭，受此不祥。"

崔杼走到晏子跟前对他说："你如果改口与我结盟，分天天下一半给你。否则便杀死你。"而晏子却答道："你以兵刃劫持我，是你没有胆色缺少能力；你又以利诱我背主，是不义。崔子，你没读过诗吗？那上面不写着青藤一直向上爬上大树的枝条而不下枝头，那些光明磊落的君子是不会为了个人求福而回头的吗？我晏婴怎么会回而求福呢？你就杀了我，我也不会改变的。"崔杼大怒，便要杀了他。此时却有人来劝崔杼说："昏君无道可杀，又杀了他的有道之士，我们怎么去与天下人说呢？"于是，晏子从容不迫地离去。后来崔杼之乱被平灭后，晏子又被景公任命为首相。

晏子不但临大节而不屈，而且小节也很讲义气。那个奸臣梁丘据劝他换妻，说他的夫人太老了，又很丑陋，不堪为相国之妻；齐景公也想把自己的女儿嫁给他；家中还有一个少年女工也自愿嫁给他为妻。他却说道："去老者，为之乱；纳少者，为之淫。且夫见色而忘义，处富贵而失伦，谓之逆道。"而坚守着糟糠之妻不下堂的古训，老夫老妻终守一生而不离不弃不悔不厌。而且晏子十分谦以待人，在以平民身份礼仪为其父清苦守墓尽孝时，他的仆人说："先生，这不是卿相守孝之礼啊！"晏子却答道："在父母这里，我永远是人之子。是平民；你才是卿啊！"

后汉的刘向评价道："晏子尽忠极谏道齐，国君得以正行，百姓得以亲附。不用，则退耕于野；用则必不屈义。不可胁以邪，白刃虽交胸，终不受崔杼之劫，谏齐君，悬而至，顺而刻。乃使诸侯，莫能屈其辞，其博勇如此，盖次管仲"。而孔子却轻管仲而重晏子，他评价晏子说："不以己是，驳人之非；

逊辞以避咎，义也夫！”孔子对他是佩服得五体投地，既称他为君子，又称他为义士。但晏子与孔子当初并不是很交好。

孔子三十几岁时曾到过齐国去拜见景公，但却不想见晏子。齐景公便问孔子为什么。孔子却说道：“臣听说晏子事三君都很顺畅，是因为他有三心，所以很怀疑他的人品，所以便不想见了。”齐景公便把此话对晏子说了。晏子答道：“怎么会是这样的呢？我之所以能事三君而得一顺，不是我有三心，而是三君都是想要国家安定这一心的缘故啊！我听说不论把错的说成是对的，还是把对的说成是错的，这二者都是不对的。孔子的说法肯定都在这二者之中。”

那么晏子怎样评价孔子呢？齐景公很欣赏孔子，想分封一块土地给他，但晏子却不同意，他对景公说道：“孔子不可封，不可用。他搞的那套礼，人们学一辈子都学不完，既浪费时间又虚耗钱财，又伤害人的性命；人最重要的是内心的修为，他却只注重外表、形式；他的礼仪越搞越多，而人的道德却越来越差。他倡导音乐，用歌舞来教育人，却靡靡之音到处泛滥，弄得世风日下。可别让他的那些东西来把齐国搞乱。”景公便只赐给了孔子一些礼物而不肯用他，于是孔子便离开了齐国。

《晏子春秋》有多篇记载了孔子与晏子的这段纠纷公案。一说为：孔子在拜访景公期间，对人评价道：“齐灵公汙污，晏子便以整齐的风格来服事他；齐庄公尚勇武，晏子便用仁义为其先的道理来开导他；齐景公好奢侈，晏子便以恭俭来辅佐他。是个君子。但又是一个肤浅的人，他连事三君为相，但仁政善德却得不到在齐国的下面实行。"晏子听说后，便主动去拜见孔子，十分低调地说："我听说先生见笑于我，所以前来拜访。像我晏婴这样学识微浅的人，怎么能够去以高深的大道理去养活人呢？我的家族有数百家都要靠我的俸禄来养家糊口祭祀祖先；而齐国又有那么多读书人无官可做，也要靠我的俸禄来接济。我不过是只为此才出来为官而已。您说我像是那种以心机事奉君主来解决衣食的人吗？"只讲了这样几句话便告辞。孔子没想到此时已名满天下的晏子，语言如此朴实而低调，马上以礼相送，回来后便对弟子们说："此人救民而不夸耀，用自己的德行补三君之不足而不居功自傲，晏子果然是个君子啊！"

还有一则记述的是：晏子听说孔子对他的非议后，很不满，便对人说："我家世代为齐民，不修身改过立德便无以行于世。我听说评价一个人，应符合他的行为。而孔子都没见过我，怎么能说我靠三心顺应三位君主而得其顺呢？我听说'君子独立不惭于影，独寝不惭于魂'。孔子不以被宋人拔树相驱，无粮而困于陈蔡为耻辱，而在不了解他人的情况下却非难别人呐？这和水乡用网之人非难山里人用斧子，山里用斧之人非难水乡用网之人有什么不同呢？这就是出口说人容易，而不知人之所行之难。当初我见到儒家的人便十分尊贵于他，而今却让我见到儒者而疑其为人了。"

晏子的话传到孔子这里时，孔子不仅叹道："有言道：'言发于迩，不可止于远也；行存于身，不可掩于众也'。我随便议论晏子而又不切中他的过错，这几乎等于犯罪啊！我还听说：'君子过人以为友，不及人以为师。'今天我孔丘失言于先生，应该受到他的嘲讽，他是我的老师啊！"马上派弟子先代他去向晏子致歉，然后又亲自登门去拜访晏子。

尽管书中所记，未必全是事实，孔子未必会如此不慎言，而晏子未必会对一言如此耿耿于怀大张挞伐，但文人相轻各嫉高名，古今一也。而孔子之道与晏子之行，又大有所异，却是事实。孔孟都是以说教为业者，而晏子则是亲躬实践者，自古理论家、学者与当途执政者，永远是一对矛盾体，这也是史实，挺可叹的一件事。而管晏同为一国之名相，孔子大非管子却对晏子如此尊重，教弟子以为楷模，已属难能可贵。而孔孟之非管子而重晏子，无非管仲教齐桓所推行的是霸道，而晏子辅三公则一以贯之以王道而已。所以司马迁说："管子是世之贤人，而孔子看不起他，大概是因为周道衰微，齐桓公又是一个贤君，而管子却不劝勉他行王道，而是去称霸的缘故吧。"

还是晏子说得好，评价一个人要从他的实际行为出发；而孔子也讲过：判断一个人不但要听其言，还要观其行。晏子一生所为人子者，可谓孝子；为家主者可为慈父贤夫；为人亲者可谓亲亲；为人谋者可谓忠正；为君辅者可谓良弼；为人邻里、邻国者可谓良邻。由此，岂可不称之为大君子、真君子吗？

目录

一、君子之勇：轻死以行礼义

公曰："古者亦有徒以勇力立于世者乎？"

晏子对曰："婴闻之，轻死以行礼谓之勇，诛暴不避强谓之力。故勇力之立也，以行其礼义也。汤武用兵而不为逆，并国而不为贪，仁义之理也。诛暴不避强，替罪不避众，勇力之行也。古之为勇力者，行礼义也。"

——《晏子春秋·卷一 第一》

【直解】

公：齐庄公。

轻死以行礼：为了遵行礼义而不顾生死，可为君子之勇。

并国：吞并他人之国。

替罪：清除罪恶。

不避众：不怕恶势力人多势众。

行礼义：为礼义而为之，而行动，也有"替天行道"义。

这是晏子劝谏齐庄公的一段话。

齐庄公为政，崇武力而不尚仁义，任用勇力之人。这些力士东征西讨于外，而内无忌惮，令群臣禁口，无人敢言。晏子便去见齐庄公讲了这段话。齐庄公因为晏子总是反对他的主张，就反问他："古人不是也有只凭勇力而立世的吗？"答道："舍命而行礼义的叫勇，除恶而不畏强暴称为力。这种人能立足于世，并不在勇与力的本身，而因其有遵礼行义在先。如果像现在这样都不讲礼义而只讲暴力，那只会毁家败国，成为亡国之君。以此而立国存身的，我还没听说过。"

【绝非说教】

道德新解：德就是道——是你一生的出路

道德二字是当今社会讲得最多的词汇。但什么是"道"呢？德，就是人所应走的道，道就是路。你有了德，一生就有了出路。什么是德？老百姓都懂，总把道德仁义连在一起说。谁家的孩子为人本分，不讨人厌，不惹是生非，就被称为仁义，有德性。就这么简单。"德有邻，必不孤"，就是说有德的人，仁义的人就有人帮助，朋友就多。"得道多助，失道寡助"就是此理。所以说有了道德，就有出路。

不知是非曲直的一勇之夫，只是匹夫之勇，亡命之徒；有能力者多恃才傲物；有才气者多无践履能力。都不是立身之本。胜人者称力，自胜者谓强。什么是"自胜"呢？能够战胜自我的欲望，才是最强者。人的欲望来自物种遗传，天生本能，无比强大，自我能战胜吗？能。靠什么？你只要守住礼义廉耻之门，种种私念邪欲自不可入。而且只有自己才能给自己做最好的守门人。牢笼、鞭棍、说教都无用。佛学讲自觉、觉悟，我心即佛，也许就是这个道理。

道德是什么？德，就是得，就是你该走的正道，所以北京有一家菜馆叫德道餐馆，主人就是在经历许多传奇般的得失后，悟出了德就是"道"，就是路的道理，所以改邪归正，勤劳起家，开办了"德道餐馆"，以勤劳致富。

二、"人之所以贵于禽兽者，以有礼"

禽兽以力为政，强者犯弱，而日易主，君将安立矣？凡人之所以贵于禽兽者，以有礼也。故《诗》曰："人而无礼，胡不遄死！"礼不可无也。

——《晏子春秋·卷一 第二》

【直解】

以力政：以力之强暴来维系自己的统治地位。本处指禽兽而喻人。

日易主：兽群经常换其王者，因其以力为胜。

君将安立：如果人类也推崇武力，那么君主怎么能安稳长久呢？

遄死：速死。遄：急、快速。

这是晏子劝谏齐景公的话。齐景公在一次饮宴中，劝大家尽情快乐地喝酒，不要讲什么礼节。晏子马上冷谏："君王的话错了。如果不讲礼节，那么力气大的部下就可随便不服从、欺凌、打败他的长官，勇猛凶悍的臣子便足以弑君。正是有了礼仪法规的限制，才会避免这种状况。"接着他又对景公讲了前面那段话，劝他不能不讲礼节，就是喝酒娱乐时也不可放纵无礼。但景公不听，反而不悦地背过身去。

过了一会，景公出而更衣归来，晏子既不起立送其出，也不起迎其归，只是自顾自地饮酒，别人来敬酒，景公还没动，他便先与人干杯。景公一脸怒色责问晏子说："你刚才还要我讲礼，你就这样行礼吗？"晏子不慌不忙放下酒杯，起立离席，整衣正冠，屈身跪拜于席前称："臣怎敢言而忘之呢？怎敢无礼于我的君主呢？不过是想以我的无礼之举让您感受一下。做君主的若不讲礼仪、礼节，那臣下就会是这个样子。"齐景公恍然大悟，连称"孤之罪也"，忙请晏子入席。按礼仪制度规定，君主酒过三巡，便罢席。景公敬过三次酒后便结束了。自此以后都按此而行，"饬法修礼，以治国政，而百姓肃也"。

【绝非说教】

人能"克己"，国能"复礼"，则子孙三生有幸了

古之礼教自有封建毒素害人不浅之处，而不问青红皂白赵

钱孙李程式化的繁文缛节也多不可取。但并不可因为洗婴儿的水脏，就把孩子与脏水一起泼掉。一个民族，一个社会，一个家庭，一个人，总还是要讲"礼"的。

礼是什么？在晏子这里，礼是人兽的标志性区别；在荀子那里人的最高操守，是"道德之极"；在老子那里，则讲"敬人者人恒敬之，爱人者人恒爱之"，而西方则讲骑士精神与绅士风度。那中国人现在讲什么呢？不讲贵贱尊卑本无可厚非，但总不能没大没小无尊无敬无轻无重，把上司视为仇寇公敌吧？不讲"三娘教子"自是时尚；讲"子教三娘"，亦是后喻文化所需；但总不能没老没少不尊不重不孝不敬吧？不讲师道尊严，老师不许用戒尺打手板，这是人道所规，但为人师表怎可不讲尊严而恣肆？为人学子怎可不尊师重教？讲自由，讲个性解放，总在讲我的什么我做主，这也是人的天性所求，但总不能如释迦刚生下来便一手指天一手指地的"唯我独尊"，而目空一切旁若无人，不管是光天化日、大庭广众之下，还是小小电梯间，车厢内，只顾自己地任意妄言、妄行，肆意污染他人耳目有碍观瞻有碍他人而不自知自觉吧？

大街上如果没有红绿灯，天空如果没有不可交错航线，宇宙间的星球若没有各自固定画天为牢的运行轨道，那么这个世界还会安宁、还会存在吗？而我们的社会如果人人皆为"无礼"之行，那不乱套了吗？即使我们做不到人人"谦谦君子"，但总不至于连礼貌、尊重都不懂吧？

礼是一种文明的规范，礼是人类区别于野蛮的标志，礼是个人内在修养水平的外在表现，就是一个社会风气的基础。人们把不讲礼义廉耻的人称为禽兽不如。禽兽就真的那么"不如"吗？虎狼之恶也有亲伦之情；牛马之贱尚有兔死狐悲物伤其类的恻忍之心；雁飞有序而继者承风于先，幼弱者随后；雷鸟逢饥无食而互让粮粒，宁可自饿而死也不与群争——不管人类怎样堕落沉沦，总不至于跌到禽兽的水平线以下去吧？

"克己复礼"，在近现当代不知几经挞伐；而今若真能做到人人自律，节制自我，讲礼节、礼仪、礼貌、礼敬；社会能以礼教化，那便是国之大幸，儿孙三生有幸了。

三、君子不乐不合于礼的亡国之音

夫乐亡而礼从之，礼亡而政从之，政亡而国从之，国衰，臣惧君之逆政从行。

——《晏子春秋·卷一 第六》

【直解】

"乐亡而礼从之"句：与礼相合相应的古乐衰亡了，那么礼也就衰亡了。以此类推，便有政亡、国亡相随继。

逆政从行：不按正道去治理国家。

有一次晏子入朝，见朝臣杜扃在朝堂外徘徊等候景公上朝。晏子问："君王怎么还没上朝？"杜说昨天夜里，那个宫臣梁丘据给景公送去一名叫虞的美女歌手，把齐国的古乐变成了新曲，唱了一夜。

晏子马上下令把这位歌女虞拘押起来。景公为此大不悦，对他说："国家大事我希望向先生请教，而饮酒听歌这类的事，先生就不要管了。何必一定要听古乐呢？"所以晏子便对他讲了前面那段话。并讲了桀、纣、幽、厉等四君，都是同弃正曲听邪音而亡国的事，来劝谏景公不要走从乐开始，去听那些淫鄙之乐以致亡国的路。晏子反对的并不是音乐，而是淫乱之行靡靡之音。他在劝谏景公不要废太子的谏词中也讲道："古之明君，非不知繁乐也，以为乐淫则哀；非不知立爱也，以为义失则忧。是故制乐以节，立子以道。"景公终于纳谏改行。

【绝非说教】

西方人为什么讲"娱乐是人类最后的杀手"

音乐的产生，本是人在最欢乐与最痛苦时的一种表述语言。它由人而发生，又反转来感动人，影响人，本来是最美好的东西。正如柏拉图所说：音乐无论词、曲、节奏，都是用来"表现好性情"的，是最能体现"心灵真正尽善尽美"的一种形式。而"真正的爱只是用有节制的音乐的精神，去爱凡是美的、有秩序的"。而格罗塞则说："音乐自家可以说：'我的国度不在这个世界上。'音乐在诸艺术间立于无可伦比的地位。"郎多米尔则说音乐有"有一种感召心灵的神奇魔力"。在我国古代甚至有鸟兽闻乐曲相率起舞的传说。

人类有这么好的东西，却不知珍惜，而是把它扭曲、变味儿，而且不惜玷污它的天性，用它来满足人们心中那种最卑贱下流的需要。不知有多少淫歌淫词滥曲滥调出现，而且会大行风靡，令人沉溺其间而以丑为美，以害为宝，而使这种最美好的天籁之音，沉沦为人们淫逸狂奢大餐中的一种佐料。人类的卑劣本能创造了荒诞不经的音乐，而这种音乐又推动着人类的日益荒诞不经。缪斯中司音乐的女神，一定在俄林波斯山上哭泣。

有这么严重吗？不止于此，乃至美国的现代史学家杜兰竟悲叹道："娱乐是人类的最后杀手。"而它的可怕处不在音乐本身，而在晏子所说的那种多米诺连锁效应。而人类既是唯一能够自我节制的生物，又是最不能节制自我的一种。所以柏拉图在无上赞美音乐时，用了"有节制的音乐的精神"来说明他的赞赏对象。

音乐是无罪的，娱乐本无可厚非，而淫乱、邪迷、杀害，那都是人类自身所取。人真当慎其所迷。

四、士君子的进退去留之道

虽有至圣大贤，岂能胜若谗哉？是以忠臣之常有灾伤也。臣闻古者之士，可与，得之；不可与，失之；可与，进之；不可与，退之。臣请逃之矣！

——《晏子春秋·卷一 第八》

【直解】

若谗：如此奸小之徒。

灾伤：祸、害及身。

"古者之士"句：古代的士人之风是：与君主相合就顺事他，不合便离开他；志同道合便可入朝为官，不合则退隐辞官。

逃之：辞职。

齐景公信用奸小，赏无功而罚无罪，内宠姬妾而外宠奸佞，所以晏子便说了那段话，向景公辞职。景公以为说说而已，可是晏子却真的辞职了，而且让马夫急驰而行。景公一听说晏子真走了，便马上派手下的韩子休去追赶，并传他的话对晏子说："是我不仁，不能听从先生的教诲，以至于把事弄得如此之糟。先生弃国去往哪里，我就随你到哪里去。"哪里有如此诚挚的君臣之遇啊？让晏子感动得不行，便催促马夫赶快打马回车去见景公。马夫莫名其妙地问道："为什么您先前那么催我急行，现在又催我快回呢？"晏子答道："这就不是你所能知的了，君王已把话都说到家了，我还能再说什么呢？"很感人。

【绝非说教】

真诚尽礼足以令大贤回车俯首称臣

　　晏子最感人处当是临"崔杼之难"而宁死不屈；齐景公的唯一感人至深处，则当是追留晏子的一片肺腑之言。其悔过之真，如同小孩子向父母求饶，如信徒向他的主忏悔；其挽留晏子之诚，如同苦恋之誓，随你到天涯海角。遇到这种主子，我也去给他卖命。

　　谁说从没有好德如好色者？

齐景公远非贤君，而能得晏子终身为辅，无非真诚、尽礼二条；而晏子能得景公终身信用，至死临尸而哭屈身以降，也在于此。还有君臣游公阜山，晏子一日而三谏景公之失，令景公终身不忘。君臣都为难得。二人亡后，齐国吕姜氏便为陈田氏取代。可谓一人决兴亡矣。

五、君子德厚行广不以邻为壑

古之王者，德厚足以安世，行广足以容众。诸侯戴之，以为君长；百姓归之，以为父母。是故天地四时和而不失，星辰日月顺而不乱，德厚行广，配天象时。然后为帝王之君，明神之主。

——《晏子春秋·卷一第十四》

【直解】

德厚行广：道德修为深厚，品行宽广。如此之人才可为天人君长、民之父母。此乃天地之道。天不广则无以包容万象；地不厚则不足以载天下万物。

配天象时：合天地之德，与四时应序。以致天人合一。

明神之主：像神一样的明君。

齐国的一个佞臣叫裔款，为了讨好景公，给他推荐了一位叫"微"的楚国女巫。女巫微陪景公谈了三天巫术，令景公十分宠信。女巫说她可以召来五帝的神灵，以助他成就大业。景公就让裔款筹备此事。

晏子听说后便对景公讲了前面那段话，意思是君王主要靠德行广厚才能君临天下，受到拥戴，哪有任奸信巫而成帝王的呢？您的位置这么高，见识怎么这样低啊？景公真是一个不错的君主，至少肯纳谏，见晏子反对，便说："那就把楚巫赶走，把裔款关起来吧。"晏子却说："不行。把她放走，不是还要去迷惑别的国君吗？这是不仁的办法，还是把两个人一个流放，一个关押吧！"于是女巫被流放到齐国的东海边监管，进行劳动改造，把奸臣关押了起来。

【绝非说教】

积德行善便是自己的保护神，而何须信左道旁门

两千多年前的晏子都不信巫术，为什么在科技昌明的今日，仍有信左道旁门之术？而且官场之上包括一些高级领导知识分子都信巫术异功呢？无非为某种不同的非分之想所驱使，无非想邀福远祸，得利去害而已。

人这一生只要多积德、广行善，不干缺德少行、不仁不义

不净之事，自己就是你自己的保护神，就是你生命的图腾。厚德岂止于载物，而足以佑己。

人这一生若能以修身积德为本，自有福音临门而祸患辟易远退。

学学大禹治水之道与孙叔敖的仁人之心

孟子说：大禹治水以四海为壑，今人治水以邻国为壑，这是十分不仁的事。楚国的宰相孙叔敖小时候，碰见了传说中遇到了便要死去的一种蛇，孙叔傲虽然很恐惧，但仍毫不犹豫地把它打死了，免得它到处害人，让别人碰见它又会死去。他回家哭着对母亲说他要死了。母亲听完事情的经过后，却对他说：孩子不要怕，你有这么仁德的心思，不会死的。

晏子不放女巫去迷惑他国，也是一种不以邻为壑的仁人君子之心吧！而齐景公能信用晏子，虚心纳谏，先后把以邪歌娱人的女虞，以巫惑主的女微，以谀获宠的梁丘据等奸小之臣，都从身边赶开或免职，也足称贤明之举。

六、君子事人的"甜酸咸淡"之道

所谓和者，君甘则臣酸，君淡则臣咸。今据也甘君亦甘，所谓同也，安得为和？

——《晏子春秋·卷一 第十八》

【直解】

和：协和。补缺以成全，拾遗以免失，称之为协；所言虽异，而所求者一，称为和。

同：应声虫，随声随和而不论是非，为苟同。

君甘则臣酸：上司说很甜，与上司为谋者当说再加一点酸，味道就更美了。

据：景帝的宠幸之臣梁丘据。

甘君亦甘：君主说甜，他也说甜。这是苟同，而不是协和。

这段话出自晏子陪景公游公阜山一日三谏的故事。是晏子劝谏齐景公不能把迎合自己的人当贤臣。而真正的贤臣应该是君主说甜，他应说再加点酸，而不能迎合。君主当任用那些能补君主不足的人来执政。

【绝非说教】

晏子一日三谏令景公终生叹息

景公到都城之南的公阜山去游玩避暑，北望都城说："人若能自古以来都不死多好啊？"晏子答道："天帝认为人死了是好事：仁德者死而安息，恶人死而停止了作恶。再说如果古人不死，那您就做不成君主了，可能还戴着草帽、穿着布衣、拿着农具在田地里劳作呢，哪还有时间去想到怕死呢？"

不久，在山上看到山下有一辆六匹马拉的车奔驰而来。景公问：这是谁呢？晏子答道肯定是梁丘据。景公问：你怎么知道呢？晏子说：这么热的天气，驱马急驰，马不死既伤，除了他谁会这么干呢？景公说："他与我很和谐呀？"于是晏子便讲了前面那段酸甜咸淡的话，劝他近贤远奸。

天黑了，景公在西方天空上看见了象征不祥的彗星出现了，便让主管天文的史官伯常骞祭祀禳灾。晏子又劝道："这是天数示警，如果您能敬圣贤、高德行，彗星自去，何必做法事禳除呢？如果不俭不宽任奸远贤，只好淫乐而不行仁政，那恐怕比彗星更大更恶的星也会出现。"

晏子这"一日三谏"虽然每次都令景公"不悦"、"忿然作色，不悦"，但是在晏子去世时，景公礼唁后出来，却在背地里流泪叹道："呜呼！从前先生随我游阜山，先生一天三次责备我的过错。现在又有谁来责备寡人之过呢？"十七年后又讲道："从前晏子一日三责我，可是从他去世后，怎么听不见说我过错的了呢？"

上司说"鸭子"，他说"扁扁嘴"的人是奸小

晏子的管家叫高纠，给晏子管家三年，虽然很能干，却被他辞退了。有人问晏子这么好的管家你怎么把他辞了呢？晏子回答道："此人事我三年，而未补我一过，进一谏言。我不是圣人，如果我身边的人都不指出我的过错，我怎么能正确行事呢？"

上下级的关系贵在上和下睦，互相尊重。尤其为人下属者更不可总是与上司"对着干"。他把鸡说成是"鸭子"，你偏说"尖尖嘴"，即使你对那也不可以。久之，那便是"道之不同"了；你可说："像是鸭子，但这嘴有点问题。"如果他把鹅子说成是鸭子，你马上说："对，鸭子是扁扁嘴的，你看它的嘴多扁扁啊？"那你就是奸臣嘴了，"奸臣的嘴都是扁扁的"。上司遇到这种下属时，马上把他赶走，否则一定害了你。

为人下属者议事时，既不能唱反调，也不能简单应和，即使你无拍马迎合之心，至少是一种不负责任。好的下属当以左补缺右拾遗为天职。只有小人才"为人谋而不忠"。

人有一种亲奸喜谄的天性

齐庄公不听取晏子的进谏而自以为是、一意孤行，终至被臣人所杀；齐景公虽非贤君，但能于不悦之中而纳谏，听从晏子的劝告，去违心地改正自己的过错，所以仍能国安而身存。

当局者迷，旁观者清。人总得善于听取到别人的不同意见才行。但人有一种亲奸喜谄的天性。武承嗣就讲：我不知什么是善是恶；与我亲近的就是善，与我做对的便是恶。而拿破仑则说：我只喜欢结交奉承我的人。隋炀帝也公然对臣下说：我不喜欢别人进谏，也不爱听动乱不祥之报。

悲夫！人何如此？如此何堪？

胜者败诉，败在他讲了一个"错"字，
人有时要学会给人面子

人们讲公道自在人心，没错。但这人心又有官心民心之不同。万民心之所向，有时不如官者一心之喜恶。美国自称民主法制之国，但在一桩海事案件审判中，诉方铁定是胜者。权威的大法官却当庭错引了法条，令律师兴奋不已，就像猎人突

然看到眼前出现猎物一样，马上说大法官错了，并把海事法条的规定讲得一清二楚。大法官也知道错了，一句不驳。但仍把诉方判定为败诉。这位名律师后来在总结教训时，十分懊悔地讲道：错就错在自己不该当庭去让这位德高望重的大法官没面子。他错就错在不该讲大法官错了的这个"错"字。

许多事都要学会面对。这个世界常常是不依法循理去运行的，而是一个法、理、情联合执政的世界，三者缺一不可，千万别以为你是对的就可以理直气壮，须知他人多不管对错，只要自己的面子。交警如果一心找司机的毛病，还不治死你？人有时要学会给人面子。

七、君子无礼为庶人，庶人无礼为禽兽

君子无礼，是庶人也；庶人无礼，是禽兽也。夫勇多则弑其君；力多则弑其长。然而不敢者，惟礼之谓也。礼者，所以御民也。辔者，所以御马也。无礼而能治国家者，婴未之闻也。

——《晏子春秋·卷二 第二十五》

【直解】

庶人：平民百姓。

弑：臣下杀君主，以下杀上为弑。

惟礼之谓：是因为有礼的道理在制约着。

御民：统治百姓。

辔：马缰绳，与马嚼子连在一起来驾控马匹。

古代有以比赛射箭而讲礼仪礼节的习俗，称之为"射礼"。射礼又有以礼乐为主的"礼射"与较技为主的"主皮之射"。齐景公讨厌礼射的繁琐礼仪、礼节，而喜欢较技的射礼方式，并以此来选拔勇士来强国。所以，晏子就对他讲了上面的一番道理。齐景公很以为是，马上把安排好了的较技之射改为礼射。

【绝非说教】

野马驯而为驾因有缰嚼在口

晏子这段话的意思是：君子与一般平民不同的，就是懂礼仪而讲礼节；平民不懂礼节，那也与禽兽没什么两样。而君主则应以礼治国，而不能靠勇力治国。礼是什么呢？是用来治理百姓的规矩，没有规矩而何成方圆？礼就如同马缰绳马嚼子一样。马脱缰就是野马，不可驾驭驱使。人如果连礼仪礼节礼数都不讲，那与野马又有什么不同呢？

所有文明都是人类给自身打造的枷锁

什么是文明？若望文生义地去界说，文，就是人所揣摩的典章制度条文规范，包括古人的仁义礼智信诸说；明，就是人的行为所应遵守的道理。这些东西无不在各方面限制了人们的行为，让人失去了许多自由。但人类为了发展进步，又必须去奉行必须的"枷锁"。当然这种"枷锁"并不是为了把人变成囚犯，而是要通过抑止小我的自由，而换取大我的自由。这就是为了自由而舍弃自由。

想一想，如果一个国家没有法律法规，没有道德规范；一个企业没有规章制度与诸多"不许"与"必须"；每个人都没有任何自我约束地任意而为；那我们的世界将会是一个什么样子？

有一首歌唱道："人是天地囚"，何止？我们无时无刻地都生存于自我手造的牢笼之中，不是吗？但我们不自由吗？是的，我们穿衣，自由吗？吃饭，自由吗？住在钢筋水泥架构的房间中自由吗？

为了大自由，必须舍弃小自由；为了全社会的自由，必须舍弃许多个人的自由。这就是我们为什么要讲道德、讲礼节、讲文明的大道所在。

八、君子之道"在为人而失为己"

墨子闻之曰:"晏子知道,道在为人,而失为己。为人者重,自为者轻。景公自为,而小国不与,为人,而诸侯为役,则道在为人,而行在反己矣,故晏子知道矣。"

——《晏子春秋·卷三 第五》

【直解】

道:指治国之道。

"道在为人"句:治国之道在于为人着想,而道之所失之处,便是只为自己着想。

"为人者重"句:为人者自为人所看重推崇;只为自己的人一定会被别人看轻。

行在反己:一个人的德行在于能反"为己"之道而行之。

王者之道有四，行之则天下归心如众流入海

景公不以仁德治国，内外交困很是忧虑，便问晏子古代的圣王之道是什么。晏子便给他讲了四条圣王之道：①公正无私，外不任奸小，内不宠姬妾，所以奸小自无所进之门便不受其害；②自己节俭不搜刮百姓，不犯大国之地，不害小国之民，所以诸侯都希望他尊贵；③不以武力凌人，不以国大而欺人，所以人人希望他强大；④对诸侯施之以德行之影响，对百姓施之以慈爱恩惠，天下便会如众流归海一样来归附。并建议景公以谦辞厚礼去结交诸侯；以省刑减役谢罪于国内百姓。景公都照着做了，所以不但小国都来亲附齐国，就连燕鲁等大国也都来进贡。国内百姓也不再有怨言。

墨子听说后，便讲了前面那段话，称赞晏子懂治国之道。那段话的意思是："晏子懂王者之道啊！这个'道'字所在便是为他人着想；道之所失则在于只为自己着想。你能为人着想，别人就会重视你、拥护你；你只为自己着想，那么天下人就会以你为无足轻重，也看不起你。道理虽然是这个道理，却事在人为。而实行这个道理的关键之处却在不为自己。"观墨子所言与晏子所行，足为天下当途执政者引为纲鉴。而君子修身立德又何尝不是如此呢？

耻感：不要丢了做人的第一要义

没有人不希望得到别人的看重、尊重、敬重，但你只有先为他人着想，有利有益于人，去尊重、敬重他人，别人才会投之以桃，报之以李；你成天只知自私自利，一事当前先为自己打算，那谁都会看不起你，都会敬而远之。让人看不起，谁都不理你，则是最难以忍受的。所以，哪怕你不肯去为别人着想，也不想做谦谦君子，那做人至少也别太自私自利为好。否则，便会自己把自己孤立起来。

世界是大家的世界，名利为天下公器。你多得一份，就等于偷了、抢了别人的应得，就会惹起公愤，成了过街老鼠，变成狗臭。到了这粪堆儿上，活得还有意思吗？人总得有点廉耻之心才好。亚当夏娃懂人事后做的第一件事，便是用无花果叶遮羞。所以羞耻之心，乃是做人的第一要义。什么都可以丢，千万别丢了耻感羞心。什么叫"丢人"？丢人就是不知耻的俗语。

九、居高位当忌社鼠门狗两蔽

有道术之士，欲干万乘（音胜）之主，而用事者迎而龁（音何）之，此亦国之猛狗也。左右为社鼠，用事者为猛狗，主安得无壅？国安得无患？

——《晏子春秋·卷三 第九》

【直解】

道术：治国的道理与办法。

欲干万乘之主：想要求见大国君主。干，此处为求见；也有参政义。

万乘之主：有一万辆驷马车的大国之君。乘，四马之车。

用事者：手下的当途掌权的官吏。

龁：咬。

左右：身边的近侍。

社鼠：神像或神庙中的老鼠。社，此指用木为骨架，用泥涂在外面的偶像。老鼠在里面做窝，用烟熏怕火烧了木架；用水灌怕浸泡泥像。所以成为大忌，古人以城狐社鼠、投鼠忌器来形容君主身边的奸小之害而难除。

猛狗：开酒店的人家，酒很美，店铺酒器都很整洁，但酒店里的酒都放酸了，也没人来买。为什么呢？他家在门外养了一条见人来就扑咬的猛狗。此处喻指皇帝任用的庸劣官吏像狗般，在朝外倚君主的权威胡作非为，欺上瞒下而君主不知。

雍：堵塞，此处指君主被蒙蔽。

　　这是晏子回答景公所问治国之患在什么地方的问话中的尾段。晏子讲两条：其一，左右奸小内蒙蔽君主于善恶，外卖权重欺压百姓；虽如此因有君主包庇而难除；其二，所任用官吏中的恶徒，如同酒店中的看门狗一样，在外面以官府的名义为恶，祸害百姓，让百姓与君主离心离德，他们自己做了坏事，百姓却去记恨君主。而且百姓有苦难言，有冤难申，告诉无门。有这两种人盘踞内外，主上怎能不被蒙蔽，而国家又怎得无祸患无忧呢？

高官大吏务须慎选司机秘书与处长

古代明君对选用为自己驾车的马夫与近侍奴仆都十分慎重，生怕这些人内泄其私、外生是非，以主子的名义去干坏事而坏他的名声。而外面的人，哪怕是封疆大吏对这些身份很低的人也恭而敬之，因有城狐社鼠门狗之忌。所以，今日之高官之当途掌权之人，一定要选好司机，选好秘书，这是你身边成也萧何、败也萧何的人。

还有你的中层干部，司局处长。人生病最怕中焦堵塞，即所谓的"截症"，稍治不及时，便有殒命之祸。而如今的衙门也最怕"中焦堵塞"，那些处长们，你授权，他弄权；你不授权，他会自己制造"权力"，太可怕了。他们不需要任何理由，就可以把你决定的事搁置不办，拖延缓办，需要开脱时，他们会随意找出任何文件来为依据。干坏事、谋私时，则以你的名义进行，而不讲文件规定了。如今的一些政府官员就这么可恶丑陋。老百姓讲"阎王好见，小鬼难搪"。而且凡有"中焦堵塞"、"处长专政"之处，主官多是门外汉、无能、保乌纱帽这三种。更有甚者，便是自己不干净，所以有棍不硬。居官者千万要干净，千万别授人以柄，无私方无畏，而自己无耻自身不干净，便自然"无为"了。

十、士君子日常行为的三条标准

公问晏子曰："君子常行曷若？"

晏子对曰："衣冠不中，不敢以入朝；所言不义，不敢以要君；行己不顺，治事不公，不敢以莅众。衣冠无不中，故朝无奇僻之服；所言无不义，故下无伪上之报；身行顺，治事公，故国无阿党之义。三者，君子之常行者也。"

——《晏子春秋·卷三 第十六》

【直解】

常行曷若：日常行为的标准是怎样的。曷通何。

衣冠不中：穿着衣帽不合礼仪。

所言不义：说的话言不及义，不合仁义。

要君：要求君主实行。

行己不顺：自身所以不正。

莅众：身临众人。引申为治民。莅：出席来到，此处指临政，面对与治理。

阿党之义：阿党，此处指奸邪之徒众；义，此处通议，指奸人的言论。

景公所问，晏子所答的"君子"，显然都指"士君子"——官场士大夫中的仁义有德者。这些人日常行为的三条标准，简言之就是：①着装合于朝礼；②言必及义；③身正事公无私。

【绝非说教】

公务官员须得正衣冠、正其言、正其行

孔子说：政者，正也；墨子说：政者，口言之，身行之。居官从政者，必先正己，方能正人；凡所要求别人做到的，自己必能身体力行，否则便无以孚众，甚至成为众人嘲讽的话柄。

身为今日之公务人员当途执政者，也自当注重公众形象。衣着、讲话、行为，都不可以离一"正"字，否则，人无以为重为信。有道是其身正，不令自行。诚如晏子所言："所禁于民者，不行于身"，"不以事逆之，故下不敢犯其上也"；

"所求于民，不以身害之，故下之劝从其教也"晏子这段话翻译一下大意是：凡是禁止下面做的事，上面就不要以身行之；不要带头去违犯，所以百姓就不敢攻击你，对你无礼。凡是你责备于人，不许老百姓做的，那么你就不要去做，不要去侵犯自己的规定，这样你说的话，百姓才会听信服从，按你说的去办。晏子的这些话，于今日仍信非虚言。

十一、士君子之忠有"八行"

公问晏子曰:"忠臣之行何如?"

对曰:"不掩君过,谏乎前,不华乎外;选贤进能,不私乎内;称身就位,计能定禄;睹贤不居其上,受禄不过其量;不权居以为行,不称位以为忠;不掩贤以隐长,不刻下以谀上;君在不事太子,国危不交诸侯;顺则进,否则退,不与君行邪也。"

——《晏子春秋·卷三 第二十》

【直解】

华乎外:不在外面传扬。华同哗。

计能定禄:自己的能力要与薪酬相当。计,算计、考量、自估。

不权居以为行：意为不权衡自己所居现职的高低来决定自己行为的努力程度。

不掩贤以隐长：不能为了忌贤而隐瞒人的长处。

"顺则进"句：与君主能够双向合顺，便留在官场，否则便退出，而不可为了保官，就与主上共同为邪。

【绝非说教】

现代官场中人的八大病灶

晏子对景公陈述的士君子忠君的八个行为与一些现代人的八个弊病是：

其一，晏子说：忠臣"不掩君过。君主有过错，要说出来。但应该进谏于当面，而不对外传扬宣扬"。

一些现代人之病则在当面不说，背后乱说。或暗中下手，把你搞掉，正好李代桃僵。

其二，晏子说："忠臣选 贤进能，不偏党私亲。"

一些现代人之病在任人唯亲唯钱，结党以营私弊。

其三，晏子说："忠臣按自身的能力去陈力就列而不高就；掂量一下自己的贡献一定要对得起所得薪酬。"

一些现代人之病在：只考虑职位高低，而不考量自己能力的大小；只计算自己的所得，从不讲自己的奉献；只讲你能给我什么，而从不讲我能为你做什么。

其四、晏子说：忠臣"发现比自己能力高的人主动让贤，不去做比自己能力强者的上司；所得俸禄不超过自己应得"。

一些现代人之病在：发现手下有人比自己高明，一定把他挤走或打压；从不考虑自己是否应得，能多捞一点钱就多捞一点。

其五，晏子说：忠臣"不以职级高低来决定自己的努力度，也不以地位尊卑来决定自己的忠诚度"。

一些现代人之病在：职位高谋求更高，而不是把工作做得更好；得不到想要的地位就不干活，就跳槽，"过程人"只忠于自己，忠于当下利益，哪里有什么对事业、群体的"忠诚度"？

其六，晏子说：忠臣不埋没贤才，不隐藏别人的长处，不刻薄下属而溜须上司。

一些现代人之病在：忌贤妒能，贪天功为己有，专好针头削铁、燕口夺泥、掠人之美；对下属如野狼嗥，见上司如哈巴狗。

其七，晏子说：忠臣"君主健在不事太子，以图后路；国家有难而不私交诸侯以避嫌"。

一些现代人之病在：前任未离便寻找后任靠山，巴结"太子"而不惜押错宝白搭钱；一有危难便千方百计为自己洗清身，为保自己不惜落井下石出卖主子。

其八、晏子说：忠臣"当进则进，当退则退，当留则留，不当留则去，但不去与君主合污谋邪以保官位。"

一些现代人之病在：不论邪正，能保官为要，能升官为上；主子得意哪口，我就喂你哪口，管你忠奸正邪。

绝无以古讽今之意，绝非想抹天下于一概。无非为那些无德无行不知仁义的小人立此存照。而现代人格的扭曲蜕变自是国之大患。今日中国不患穷，而患不义之富；不患富，而患土豪恶霸；不患豪霸，而患人心之不"古"；不患人心之不古，而患官德少一个"忠"字：忠诚于党于国于民于事业。若得此一忠，则党无所忧，国无其害，民无其患了。

十二、"君子大义"有十而贵于度

叔向问晏子曰："君子之大义何若？"

晏子对曰："君子之大义，和调而不缘，溪盎而不苛，庄敬而不狡，和柔而不铨，刻廉而不刿（音贵），行精而不以明污，齐尚而不以遗罢（音皮），富贵不傲物，贫穷不易行，尊贤而不退不肖。此君子之大义也。"

——《晏子春秋·卷三 第二十四》

【直解】

大义：大端。

缘：攀爬、随流。

溪盎而不苛：自己清廉而不苛求于人。

狡：此处指急躁。

铨：卑伏（跧、踡）。

刻廉：刻，刻板，指正；廉：棱角，为方，指有节操、廉洁。

刿：割：割伤。

行精：品行精到缜细。

明污：用来明察他人之缺点、不洁之处。

齐尚：见贤思齐。

遗罢：遗弃无能者。

易行：改变自己节操。

不肖：指不像自己的人。

晏子在这里从十个方面回答了叔向什么是"君子大义"的问话：

①与众人格调相合而不入俗流；②"溪盎而不苛"自己清廉而不苛求于人；③为人庄重礼敬而不急躁；④性情柔和而不低下；⑤为人方正而不伤人，方而不割；⑥行为精明心思缜密，而不用来察检揭扬他人的缺点污行；⑦向那些高尚的人看齐，而不鄙弃软弱无能者；⑧财大势大之时而不轻慢于人；⑨贫穷之时而节操不改地坚守；⑩尊敬贤德之人而不排斥与自己不同的人。

晏子在这里所讲的，不只是"君子大义"而是一种人生哲学，教我们一种方法论：要持之有度，而不要过分强调突出哪一方面。句句充满了潜台词。仔细思量着。

人的优长之处往往是他的败亡之所

世界上的许多事物，包括美好的东西，都具有双重性，在它的自身中，都隐含着向自身的对立面转化的可能性，这种可能性不在于它的自身，而在于外因使然。就是自身也拥有一个发生质变的临界线。

比喻我们称之为香的味道，如果再加重50%，那就变成了臭；水温低于冰点就变成了冰，高于沸点就变成了气。人的行为也同样，谦虚是一种美德，但大劲了，就变成了虚伪；善得太过了，也让人有伪善之感。世间最高的哲学似乎是"适度"二字，无论真善美，仁义礼智信，温良恭俭让，孝悌敬顺爱，都不能太过分，一旦进入表演、表现、张扬、炫耀、夸张、沽钓的程度，那就不可信了。就是夸奖人一过分，也缺少可信度，令人不信服不舒服。而且一过分，便有反动随之而来，事与愿违，甚至会有悲剧发生。

密尔为什么说"善与恶同样令人讨厌"？舍勒为什么讲可贵的精神追求令人一败涂地，悲剧性之大莫此为甚？是的，圣人、贤者、英雄、伟人，他们永远代表着人类生存境界的至高点，但须知主宰这个世界的永远是多数。而看看动物世界中那些丑陋贪鄙的鬣狗群围攻不可一世的雄狮，也许会让人更有所悟。拿破仑是英雄，是一头纵横欧洲二十余年的"欧洲雄狮",但当欧洲所有的山猫、鬣狗全部联合起来,这个"马背上的罗伯斯庇尔"便被拉下马来,遭际到了悲剧的命运。

人的优点再前进一步就是缺点,甚至是致命的错误。所以晏子在所有美德的后面都了一个限制词、破折号,人的真正优良恰恰正在此处。道可道,非常道;大道不言,能说出来的都不是真经,真经在你的悟性,在你的运用。砒霜可以医人之病,也可致人于死命;水本活人之物,但溺人者也是水。以美德而丧身的又何止一二?但,有道是英雄只在甘愿,为了生存而舍弃生存,也正是哲人们所崇尚的精神,人类正赖此才有希望,才可以高踞于浮生之上。所以我们无须悲观。

十三、君子其行如水之清美于浊污

景公问晏子曰："廉正而长久，其行何也？"

晏子对曰："其行水也。美哉水乎清清，其浊无不雱（音淤）途，其清无不洒除，是以长久也。"

公曰："廉正而速亡，其行何也？"

对曰："其行石也。坚哉！石乎落落，视之则坚，循之则坚，内外皆坚，无以为久，是以速亡也。"

——《晏子春秋·卷四 第四》

【直解】

景公：齐景公。

廉正：廉洁正直之人。

雱：污；雱涂：污脏。

洒除：把流经处都清除干净了。

落落：指石头方正高大有致状。

循：抚摸。

【绝非说教】

"污泥浊水"：污的是泥而不是水

在传统的语言学中，污泥浊水是比肩而论同为荡涤清除的难兄难弟。其实，根本不是那么回事。水是不可污的，也没有浊的。什么"沧浪之水清"、"沧浪之水浊"的，水没有浊的，浊的只是泥污与污泥。你把水搅浑了来证明浊水的存在，那是没用的，因为你看到的是泥汤子，已经不再是水。水可以容纳泥污，可以清除泥污。因为它是清的，污的只是污浊之物，水是不可污的，否则它就不成其为水了。

晏子为齐国相臣时，齐景公问他："廉洁正直而又能长久不败，该怎样做呢？"晏子的回答是："廉正的人如果行为本质像流水般清美，那么它浑浊的时候，也把所有的脏污都包容了；它清澈时，把所有污垢都清除，所以能够廉正而长久。"讲的也许就是这个道理吧。

人千万别太清高，你只要别把自己变成污泥就行了。何苦把自己装在观音的净瓶中呢？在世间红尘黄土中奔流的江河水，谁能说它不是水呢？谁又能说它是浊水呢？

学会唱《水木年华》，千万别信《木鱼石的传说》

晏子显然在这里复述了老子的思想：①唯至柔者至刚，上善若水，唯其不争，而天下莫能与之争；②至刚者至弱，强梁者不得其死，吾将以为教父。刚者易断，硬者必脆，强者必凌人而以天下为敌。柔者可俯可仰，可卷可曲，可屈可伸，是以游刃有余。人不可无刚强之气，但过刚则易碎；人当以柔为道，但柔不等于弱，过柔则易欺。人当绵里藏针，内刚外柔，则既不伤人又不自伤，而人莫能欺。

有一首歌唱道，传说有一块木鱼石会唱让人欢乐的歌。那就只当它是个传说，而人千万别去做石头。虽然很硬、很强也可以有壁立千仞睥睨天下之刚。但须知世间还有比石头更硬更强的啊？一锄头，一个炸药包，一台粉石机，你就粉身碎骨魂飞魄散了。如果你要学做于谦笔下的石灰，那也是没办法的事。最好学会唱《水木年华》：水木都是柔道场中之物。但水与木又大大不同。水是无所不入无所不适，且抽刀断水水更流，没有什么能伤害他，阻挡他的。水是这个世界上最柔的，也是最强大的。所以老子讲"上善若水"、"柔能克刚"。

木头比石头软，又比水硬，所以一生难免受刀锯之苦。有用时，被斩方斫圆，剥来卷去。到了无用时，只有废弃腐烂与一火焚之的归宿。所以说，人还是学会唱《水木年华》的水才好，千万别去做木头、石头，晏子是何等人物？连他都说了："石头内外都硬，所以根本无法长久。"

十四、君子有不恋之禄不处之位

君子怀不逆之君，居治国之位。亲疏不得居其伦，大臣不得尽其忠，民多怨治，国有虐刑，则可去矣。是以君子不怀暴君之禄，不处乱国之位。

——《晏子春秋·卷四 第十》

【直解】

不逆：走正道。

居其伦：各得其所。

不怀：不恋。

本段是"晏子使吴"篇中的尾段。晏子出使吴国，吴王问他："国家在什么情况下，君子者可以留任其官，在什么情况下可以离去？"晏子做了上述回答："君子会选择走正道的君主当下来任职；如果遇到一个无论亲疏都不得其所，大臣都不尽忠，百姓怨恨国政，国有酷刑的国家，就该离去了。所以君子是不贪恋暴君之俸禄，不在乱国任职的。"

【绝非说教】

大漠的走日兰与今人之"唯利是择"

古之君子之风远胜今人，绝不会去有奶便是娘，饥不择食，饮鸩止渴的。按晏子所说，他们的职业选择标准有四个：其一，执政者是走正道的"不逆之君"；其二，人能各得其所的人才政策；其三，软环境适应，百姓无怨恨之心；其四，国家待人不暴虐。如果不具备这四个条件，那就不能留恋你给我多少钱，你给我什么职位。而今人择业择岗，有几人不是只看这两条呢？呜呼，人心不古，也多唯利是择之徒；呜呼，生计所迫，不可一概而论君子小人。但千万别总是"跳槽"，那是一种生命的浪费。

一个人一生的成长，需要一种积累之功，为了几个钱总是跳来跳去的，最后你什么都不是。你做的每件事，都要付出；你的所有付出，都是以生命（时间）为资本的人生投入。到处挖井的人没水喝，因为你永远要从零开始。守住你脚下的热土，终会开花结果，终会大树参天。

沙漠中的走日兰很有追求，天天随着太阳东走西顾，南挪北移，所以，它永远没有固定根，也长不大，就是一棵无根草。

　　你见过播完种不收割就跑掉、到处只顾耕地播种的农民吗？

十五、君子如雨如鱼而美渊泽

臣闻君子如美，渊泽容之，众人归之，如鱼有依，极其游泳之乐；若渊泽决竭，其鱼动流，夫往者维雨乎，不可复已。

——《晏子春秋·卷四 第十五》

【直解】

美：美好，此处借指雨水。

这是"晏子使晋"篇中，晏子答晋平公一段话。晋平公想听听晏子有什么教诲。晏子便讲了上面的一段话，大意是：我听说君子之美，就像雨水一样，喜欢流入能容纳他们的深渊大泽，众人都来归依它，就像鱼儿有了依托，可以在这里施展他的才能，就如同鱼儿能得以任其遨游般快乐。如果这渊泽决口干涸，不但鱼跑掉了，以前的水也都会流失而不复存在了。

聪明的上司要送下属三份大礼

为人上司者，当思晏子"雨水美渊泽"之喻。有道是"水浅养不住大鱼"，而一旦无水，小鱼都不会存在了。

要留住鱼，水就要宽一点，肥一点；要蓄住水，库容就要大一些，深一些。还要低一些，学会礼贤下士，而别把下属当劳役、奴仆。你拿他们当打工的，他们就干打工的活，听喝而行；你拿他们当朋友，他们就会为朋友两肋插刀；你拿他们当主人，他们就会与主人一同分忧解难，同生死共命运。

这是千古不易的人生之定理。千万别小看平民，千万别漠视你的下属。千万别自以为是，他就是不如你高明，你就当他是打工的，那他以什么态度心情在打工，效果也是大大不同的。连毛主席还讲发动群众、依靠群众呐，何况我们呢？

奥地利著名的心理学家阿德勒认为：每个人都希望自己出类拔萃。马斯洛的需要理论人皆耳熟能详。是以聪明的上司，至少要送给下属与员工三份大礼：①足够的尊重与信任；②足够的平台；③适薪适职。这就满足了他尊严、生存、发展的三个要求。而这三种需求恰恰是普遍的社会心理需求。有了这三份大礼，你这里就是深水大泽，什么鱼都不往外跳了。试试。

十六、君子居官知进退，下野自为良民

有所谓君子者，能不足以补上，退处不顺上，治唐园，考菲履，共恤上令，弟长乡里，不夸言，不愧行，君子也。

——《晏子春秋·卷四 第二十》

【直解】

补上：对君主有补缺拾遗之能。

不顺上：不去迎合君主。

唐园：菜园果园瓜园之属。"治唐园"，耕种田园。

考菲履：编系草鞋。

共恤上令：拱手敬遵君主法令。

弟长乡里：与乡亲友善亲睦。

不夸言：不空谈大言。

不愧行：无狂径之行。

这是"叔向问事君"篇中晏子答叔向的一段话。晏子出使晋国，名为叔向的晋大夫羊舌肸（音西）向他求教为官事君的道理与辞官为民的原则。晏子便对他说道："正人君子在朝为官，如果发现自己无胜职的能力，可辞职退居，而不能靠迎合君主而度日。退出还乡后作为平民，哪怕以织草鞋为生，也要恭守法令，与乡邻亲敬和睦相处，既不空说大话耸人听闻，也不怪僻狂妄独行，不做有愧德行的事。这就称得上是正人君子。"

【绝非说教】

我们都是"黄花松"

做官当知进退，不恋其位，不能失人格而媚主保位；为民则为良民，而不以曾居官而自视高人一等，而是自觉以平民的身份去生活。这似乎当为所有官场职场中人、下野之人所应有的君子风格。

官场之中，职场之上，总归是一个社会性的舞台，人人都要在上面表演，你的节目演完了，就马上下台，否则你就侵占、剥夺了别人表演的机会，这比贪污还可恶。尤其是不称职，千万别再混饭吃。自己难受，别人也难受。潇洒一点，自知一点，不是两全其美吗？有道是"驽马恋栈豆"，越找不到饭吃的人，往往越是贪职恋位之久长。拿得起来的也要放得下，拿不起来的更要放得下。就是大自然中的常绿树种，老叶子也要一年换一次，更何况我们都是黄花松——落叶树种呢？那个高高的枝头是千百年所有针叶的共同悬挂处，只有大地才是我们真正的归宿。

十七、"啬"为君子之道，吝爱者小人之行

叔向问晏子曰："啬、吝、爱之于行何如？"

晏子对曰："啬者，君子之道；吝爱者，小人之行也。"

叔向曰："何谓也？"

晏子曰："称财多寡而节用之，富无金藏，贫不假贷，谓之啬；积多不能分人，而厚自养，谓之吝；不能分人，又不能自养，谓之爱。故夫啬者，君子之道；吝爱者，小人之行也。"

——《晏子春秋·卷四 第二十三》

【直解】

啬：节俭省约，富不积财，贫不借贷。

吝：惜财，不拔一毛以利他人，唯自养。

爱：守财奴，爱钱，不施舍，也不自用，只知聚敛。

本篇讲不同的人对待财富的不同态度。叔向问：啬于财者，吝于财者，爱于财者，这三种人在行为表现上有什么不同呢？晏子于是做了上面的回答："啬者是君子之道，吝、爱者是小人之行。"叔向又问："何以见得？"晏子答道：

"计算自己财物的多寡而节俭使用，富余时不积财，贫困时便艰难度日，也不肯求借于人，这叫作啬财；积财很多却不分给他人，只顾自己享用，这叫作吝财；有许多财物，既不分人，自己也不享用，这就叫爱财。所以说啬是君子的德行，而吝、爱则是小人所为。"

【绝非说教】

啬、吝、爱财都不是病，千万别贪就行

晏子为什么称啬财者为君子之道呢？这种人①有自立自强意识，就是贫苦紧张时，也不求借于人来满足自己的需求，这是做人的尊严所在；②不爱财，有所富余时，也不会把钱攒起来装到罐子里埋到地下去积守；③有节俭之美德，按自己财物

的多少来安排自己的生活，多有多花，少有少花，没有不花，也不肯求借。在财物面前，这样的人，还称不得君子吗？

啬财为君子，而吝财、爱财也不是病，千万别犯贪病。尤其为官者，一贪就要去墨，去索，去寻租、去交易、去走歪门邪道。别以为能妙手遮天、天衣无缝、人不知鬼不觉，说不上什么时候，堰流水就勾起老冰排，你的泰坦尼克号就要沉沦渊薮了。君不见年年落马之贪官如桃之天天、落叶飞花吗？

十八、君子道用，与世同乐；
不用，有所归依

叔向问晏子曰：“进不能事上，退不能为家，傲世乐业，枯槁为名，不疑其所守者，可谓能行其道乎？”

晏子对曰：“婴闻古之能行道者，世可以正则正，不可以正则曲。其正也，不失上下之伦；其曲也，不失仁义之理。道用，与世乐业；不用，有所依归。不以傲上华世，不以枯槁为名。故道者，世之所以治，而身之所以安也。”

——《晏子春秋·卷四 第二十五》

【直解】

事上：为官以奉君主国家。

傲世乐业：以隐居为乐而不顾家国。

枯槁为名：如枯草槁木般地过着清苦的生活欺世盗名。

华：通哗。

傲上华世：以不尊重君主来哗众取宠，以高天下之声。

这是晏子与叔向批评那些狂悖隐士长篇对话中的一段话，核心是批判那些隐居山林岩穴的"隐君子"，都是没有责任感的人，是不能用他们来为官的。

【绝非说教】

君子无论世道如何，不可弃伦理仁义之操守

春秋时代，隐士、侠士、说客盛行，所以晋国大夫叔向问正在晋国出使的晏子怎么看那些隐士。晏子便对他讲："我听说古君子那些有思想的人，世道允许你行正道的便正，不能正行的便变通一下。能入朝为官的不失君臣伦理尊卑有序；不可以正行的，也不放弃仁义之坚守。你能被任用，你的思想能够实行，那就为民造福，与世同乐；如不为所用，那就去归依于道，坚守你的思想，既不攻击诽谤时政以哗众取宠沽名钓誉；也不放弃家国责任遁世于草莽。什么是道啊？道就是治世之理，安身立命之所。"尔今之人则多缺少这种操守，常常把自己所为不到处，归因于时政与所在的群体环境，其实无非为自己开脱，不愿也不想承担自己所应负的责任而已。应取的态度当是不管外部正、曲，个人做好自己的事，负起自己的责任是

了，何必怨天尤人？

晏子一向是反对隐士的，他认为这种人很自私，既不为国，也不为家，只顾自己一个人快乐自由，而毫无责任感，又无所创造奉献。所以，他在从正面讲了上面这段话后，又对叔向直接破题指出：

"今以不事上为道，以不顾家为行，以枯槁为名，世行之则乱，身行之则危。"为什么呢？他又深入道：

"今以不事上为道，反天地之衰矣；以不顾家为行，信（背）先圣之道矣；以枯槁为名，则世塞政教之途矣。"翻译过来就是："如今，把'天子不得而臣之'这种人的行为奉为正道，那就会使天尊地卑的伦理衰微下去；把他们不顾家业而弃家遁世的行为当成一种高行，那就完全违背了先圣之道；把他们甘守山林岩穴草莽之清贫的行为誉以美名，那就把世上所行的刑赏仕进教化之途堵塞了。"他还说："圣明的君主是不会用这种人为官的。喜欢此道的是惑乱，践行此道的是病人、狂人。这种人怎么能行天下正道呢？"

这个世界需要补氧以解"心霾"

叔向与晏子之所以批评那些"隐君子"，是因为那个世道太乱了。如果人人都不顾家、国，退隐山林草泽岩穴，或都上了五台山，那么谁来拯救这个世界呢？

而今不然，人人都顾家，个个都爱国，哪还有退隐山林之人？就是遁入空门的释迦、三清弟子，也都万类霜天竞自由，用各种方式浸染渗透到俗世中来。九百六十万平方公里的中华大地上，无论是城市乡村、大漠戈壁，还是空山林莽，山原草泽，哪里不雾障于滚滚红尘之"霾"中？真是好一派繁荣景象、盛世风光。有道是盛世如蚁行，乱世如龙腾。太平盛世之下，人人若都能隐一隐心，也许罩在我们头上的霾头，就会少一些、薄一点。所以我们该与叔向、晏子商量一下，别再"批隐"了，人有点隐心也没什么不好。如今这个时候已不是你们那个时代，这个世界现在需要补氧，多一点清凉以解人"心霾"才好。

十九、君子之忠：一心可事百君 三心不可事一君

梁丘据问晏子曰："子事三君，君不同心，而子俱顺焉，仁人固多心乎？"晏子对曰："晏闻之，顺爱不懈，可以使百姓，彊暴不忠，不可以使一人。""心可以事百君，三心不可以事一君。"

仲尼闻之曰："小子识之！晏子以一心事百君者也。"

——《晏子春秋·卷四 第二十九》

【直解】

梁丘据：齐景公的近臣。

子事三君：晏子先后事齐灵公、庄公、景公三朝。

俱顺：指晏子都能得君之意。

多心：许多心计。

使百姓："百姓"，对后面的"一人"。指众多。使百姓：晏子说只要顺君爱民，便可使令天下人众；如果强暴于民不忠于君，则连一个人都无法调动。

一心：忠心，忠诚不二。

三心：三心二意。三种不同的心思。

小子识之：小子，学生；识之：记住。

晏子先后在三朝居君侧任首相。齐景公的宠幸近臣梁丘据问他："您历事三位君主，三君之心性各不相同，而您都能够事奉得很好，是否仁者有很多心计呢？"晏子回答："忠于君上，爱护民众，就可以调动天下之人；如果对百姓强暴，不忠于君上，那就不可使令一人。只要有一颗忠诚不二的心，便可以事奉百君；如果三心二意，就连一个君主都事奉不好。"

孔子听说后，对他的学生们说："小子们记好了，晏子是个只以忠诚不二之心可事百君的君子。"

【绝非说教】

下属怎样适应新领导

无论官场职场中人，为下属的，最头疼的便是山河易主、改朝换代，城头变幻大王旗。其实很简单，不管新主子是何方神圣，你只要坚守两条：其一，适应他。你不能要求他去适应每一个，这不可能，只有每个人都去适应他。舒服不舒服，都要适应。互相了解、理解了，也就好了。千万别跟着感觉走，跟着感情走。其二，做好自己的事。谁来主事，都要有事业的支撑。都要把事业支撑开。你别的什么都不要管，只做自己的事就行。把你职守内的事做好，这就是对新主子最大的支持，没有一个领导者会看不上支持者的。而没必要花许多心思去琢磨那些还没发生也不知道会不会发生的事。

二十、养世君子"道无灭而身不废"

婴闻养世之君子，从重不为进，从轻不为退，省行而不伐，让利而不夸，陈物而勿专，见象而勿彊（音酱），道不灭，身不废矣。

——《晏子春秋·卷四 第三十》

【直解】

养世：善于治世于国有益。

从重：容易，轻易。

从轻：艰难沉重。

省行：检讨自己的行为。

不伐：不自矜显己。

不夸：不自我炫耀、张扬。

陈物：讲说事理。陈，讲述；物，事物。

不专：不武断。

见象：对事物现象的看法。

勿彊：不固执。

这是晏子回答从周朝来投齐的一个史官的问话。主旨是讲一个对社会有益的人，怎样做才能既坚守节操无违道义，而又能立身不废道理。

【绝非说教】

君子事人既守正又不使自己受伤害的办法

柏常骞是周朝中央政府的一个官吏，辞职来投奔晏子效力。他到齐国后向晏子请教说："我是周室的无名史官，不自量地来事奉您这位君子。敢问正道直行，则不见容于世；而违背正道去行诡道又不忍心。要想既不违心灭道，又不废身见弃，该怎样做呢？"

晏子回答道："是在问如何事君吗？我听说臣子太固执己见自以为是，就不够诚信；凡事都直言不讳，简单轻率，很快就会伤害到自己；如果一开始就争功争利地去竞进，反而会很快败亡。而且我还听说：那些有益于治理国家的君子，不会知易而进，知难而退；而是反省自己而不自矜；见利谦让而不显己；陈述事理而不武断；处理事情依法而行，不以固执的主观行事。如果这样，就能做到既守正道，而自己又不受伤害了。"

副职要有"修饰词"与"钢琴伴唱"的角色意识

晏子对这位史官所讲的话，也许正是他连事三君的心得体会。他讲了四条：①不自以为是、主观武断、固执己见，不专横。臣子就是臣子，你不是最高决策者，不能错位，不能企图去屁股指挥脑袋。怎能强加于人呢？②要对君主负责，不能不负责任地迎合曲从；遇到难题，不能避重就轻，知难而退。否则就有失忠信。③有不同意见，或君主有过，不能不说，又不能简单直说，要讲方式和语言的艺术，陈述自己的看法不能太武断，不留余地。更不能产生扬己善，显己长，而暴君恶，揭君短的效果。那个时代扬才显己暴君恶，是一种被弹劾的罪名。④不急功近利，不多争名争利，有谦让之风。晏子很了不起，他所事奉的齐国三个君主，没一个是明君贤主，但他既稳定了大局，又保住了自身。而且各国君侯都把他当上宾贤能礼遇。他的助手做得太好了。他一离开，齐国就动乱了；他去世后，齐国就完蛋了。

晏子所讲这四条，对于任何层级、任何行业的副职领导者都十分适用。正职与副职虽然不是君臣、主仆关系，但你是君子似乎就得那样看、那样做。四条中摆正位置的问题是核心，这个问题解决了，其他都好办。副职就是副职，你不是最高、最终决策者。即使你的水平高于正职，你也得正确对待；即使他不正确，你也得正确处理。

什么叫"副"？副的本意就是次要的，起辅助作用的。文件的副本是备用的；句式中的副词是起修饰作用的。钢琴伴唱节目中的钢琴弹得再好，也不许为了表现自己摆在前台正位去炫技，而伴唱者的主要任务是，烘托节目主角唱得更好。该你表现的时候，必须弹出节奏韵律来；不该你表现的时候，你连琴键都不能碰，悄没哑声的。为人副职者千万要搞清自己的角色规定，否则就要"道灭身废"了，而更重要的是会影响团结、合力而误事。

二十一、君子能者不辞富贵，无力者不恶贫贱

君子有力于民，则进爵禄，不辞富贵；无力于民而旅食，不恶贫贱。

——《晏子春秋·卷五 第一》

【直解】

有力：有效力之能。

旅食：百姓的饮食。

不恶贫贱：不怕贫贱。

这是晏子向他事奉的第二位主子齐庄公辞职时讲的一段话。大意是君子之人如有能力为民众办事，就可以做官，不拒爵禄富贵；没能力就回家不辞贫贱，不能占位而白吃饭。

庄公三歌晏子去职辞祸

齐庄公因为晏子总是谏止他的奢靡无道，很怨恨他。有一次宴乐时，想羞辱他一番，便命人传召入宫。晏子一入宫，齐庄公就命乐者奏乐，歌者笙歌，还吓了晏子一跳，以为是迎接他呐，可是越听越不对劲，他听清了那歌词竟然是：

已或，已或！	（算了！算了！
寡人不能悦也。	寡人心中不乐。
尔何来为，	你为什么还来
尔来为何？	你还来干什么？）

一开始，晏子还以为是从哪里移来的歌词，便安然入席就座。可是这支歌一连唱了三遍，晏子才知道这是针对他的。便主动起身离席，坐南朝北面对庄公从容坐在了地上。庄公问："夫子当入席，为何坐地？"晏子答道："我听说'讼夫坐'，我现在准备和您争讼一番，怎敢不席地而坐呢？我听说有那种依仗势众而不讲仁义，倚强霸而无礼，好勇力而恶贤的人，一定会祸及己身。我怎么看，这段话怎么都像是说您呢？我所有的建言您又都不采用，那我还在这里干什么呢？请您允许我离去。"晏子回到家后便把家财该交公的交公，该处理掉

的处理掉；把封地也退还朝廷，清清白白后，便辞职了。家人劝他当留以一点生计，他便对家人说了前面那段话。

晏子出城，连车子都没留，因为他已是平民了，便从齐都徒步走到东海边上种地为生去了。第二年，齐国便发生了政变，执政的大夫崔杼作乱，杀了齐庄公。而晏子却由于辞职而避此祸。

世间事常常事与愿违适得其反，是以有"得之非福，失之非祸"之论。尤其居于官场之上，更不可贪恋其位，合则留不合则去，当留则留当去则去。塞翁失马焉知非福？文种恋栈于勾践反受其祸。

居官者能"放得下"是大智慧，
"走得开"便是大丈夫

民间最受赞誉的人，是那种"拿得起来放得下"的大丈夫。你有千钧鼎重，我能拿得起来，我有这份筋骨力气；你有万钟之禄，我能放得下，说走就走，绝不拖泥带水，贪豆恋栈。"拿得起来"，要有那份力量；而"放得下"则同时需要勇气、胆色和智慧。君子不立危墙之下，大厦将倾，非但独木难支，且房主不让你支，那你还要留在那里陪死吗？君子不尸位素餐，更不可赖以求食，已经道不同、志不合，不走而何待？

晏子三朝为相，一日弃之而去，且不带齐宫一寸绵，徒步入野农耕为食，从宰相到农夫，真是失势一落千丈强。有道是

"由俭入奢易，由奢入俭难"，但晏子向来就没把相位当官来享受，就没奢过，而是"即相齐，食不重肉。妾不衣帛"；"居相国之位，受万钟之禄"，却把自己的俸禄散养五百余家亲顾，接济贫民。而自己却"衣粗布之衣，麋鹿之裘，驾敝车疲马"，如此而行者，那个"万钟之禄"的相位，对他而言，还会有什么值得恋栈的呢？

居官者千万别放弃平民式的生活，免得去官时失落，才容易放得下；上台时千万把脚下梯子扫干净，免得下台时滑倒，才能走得开，安全着陆。当官若能做到放得下，走得开，就足证你干净。

"第一江湖"上的"四放说"

古来官场之上，乃是世间凶险莫测的"第一江湖"，切莫说"三十年河东"，"三日河西"，常常是一夜之间，变生肘腋、祸起苍黄。是以有居官者"四放"之说：其一，贪权恋栈者不愿"放下"；其二，怕离位出事者，不敢"放下"；其三，事起案发者，想放也放不下了；其四，只有那些不贪不占不染不恋的人，才能做到：你不让我放，我也要"放下"；不但能放得下，也能走得开。

二十二、君子公殉于国而不私殉于君

吾闻之，以亡为行者，不足以存君；以死为义者，不足以立功。婴岂其婢子也哉？其缢而从之也？

——《晏子春秋·卷五 第二》

【直解】

"以亡为行者，不足存君"句：以忠君而逃为有德行，是不足以保全君主的。

其缢而从之：他上吊我就得随他殉葬吗？

这段话是晏子在庄公被杀后，对叛臣崔杼责其不殉死的回答。大意是：我听说以避祸为德行的臣子，是保不住君王的；把殉死看作义的人，是不足以成就功业的。更何况我是庄公的女婢吗？难道他被缢而死，我也得上吊殉主吗？

君子可辞不义之君而不可弃君臣之义

晏子在任齐庄公相国时，很得其信任，所以给了他许多爵位封号与封地。后来，晏子知道自己不被信用后，便每次上朝交还一个爵位、一块封地。到最后一次都交光后，退朝时在车上叹了一口气，然后又笑了。车夫问他为什么先叹后笑。他说道："我叹息的是我的君主难逃劫难；我笑得是我得到了自由，而不用陪死了。"便徒步到海边种地去了。

一年后，庄公果然被奸臣崔杼发动叛乱杀死（因与崔的小妾通奸了）。晏子闻讯并不逃避，而是迎险回到都城来吊唁。当他站在叛臣崔杼家门时，仆人问他：是要回去吗？

他答道："国君死了，回哪里去？"又问："逃走吗？"

他答道："为什么要逃，是我的罪过吗？"又问："要殉葬吗？"

晏子答道："国君若是为国家而死，臣子就该为国君而死。他是因私事被别人所杀，我怎么能为他而死，为他而逃，为他而殉葬呢？"

崔杼家的门开了，请晏子进去。崔杼连问他："为什么不殉死？"

晏子答道："祸始我不在，祸终我不知，我为什么死呢？"然后又讲了开头那段话，便按礼仪的要求免冠去上衣，伏首于庄公的尸体上号哭，然后起身三拜而出。有人对崔杼说一定要把他杀掉。但崔杼却说："他在老百姓中的人望太高了，放了他一个，可得万民之心。"

庄公之死，本与晏子毫无干系，但为什么他还要冒死回朝吊唁呢？他毕竟曾是庄公的辅臣，庄公毕竟是他的君主。庄公可以不信任他，他也可以辞职离君而去，但君臣大义不可弃。这便是人人都以晏子为君子的所在。个人的安危是大事，但面对大义的时候，它就无足轻重了。这就是君子知所轻，亦知所重处。

忠义而得民心人望者贼人不害

晏子闻君难而不逃不避是为节操，虽有不测之险而赴难为胆色，不畏弑君者大忌而伏尸亲行君臣之唁礼，是为忠臣义士，然不为死于非命之君而殉死，为识国体大节。敢弑帝杀宫的叛臣贼子崔杼，却不肯也不敢害其性命，则因其得民心，人望高。

有道是邪不胜正，自古正人君子、忠义节烈之士，叛盗匪患多不害其命、不侵其门，甚至不害其所在一方。此类事一部"二十六史"中比比皆是，可见忠孝节烈之得人心之巨。就是改朝换代，新王对前朝忠臣无论存亡，皆一体礼敬有加，对叛臣贼子奸佞虽俯首输诚腆颜归事者，也不惜临之白刃以诛。即使不被杀头者，至多也是被当作犬马利用。

人间正道是沧桑，而沧桑颠倒，城头变幻大王旗，亦终不泯人间正道。君子之心，盗匪之心虽大有所异，但崇尚忠孝服膺仁义礼信节烈之心则如一。人，还是要走正道的好。做不了圣贤做君子，做不了君子做正人，做不了正人也别入邪道。

二十三、真君子剑戟钩推于胸颈而求福不回

晏子曰："劫吾以刃，而失其志，非勇也；回吾以利，而倍其君，非义也。崔子！子独不为夫《诗》乎？《诗》云：'莫莫葛藟，施于条枚；恺悌君子，求福不回。'今婴且可以回而求福乎？曲刃钩之，直兵推之，婴不革矣。"

——《晏子春秋·卷五第三》

【直解】

回吾以利：用名利来利诱我回心转意。

倍：背叛。

崔子：崔杼。齐国大夫。

莫莫葛藟：茂盛的葛藤蔓条。

施于条枚：向上一直蔓延到了大树高高的枝条上，不会再往回爬。

"恺悌君子，求福不回"：出于《诗经》，指品行亲和高尚的君子，有如坚韧的葛藤一样，是不会只为了求福而肯回头的，而要义无反顾地正道前行。

"婴不革"句：你就是把戟戈钩在我的脖子上，把刀剑横在我的胸腔上，我晏婴也不会改变的。革，变革、改变。

这是晏婴在"崔杼之难"后，面对崔杼以生死威胁，以利禄地位诱劝时，讲的一段话，意思是说：你用刀剑来劫持威胁我，算不得你勇敢；想以利来诱我改变志节，背弃君主，这是你的大不义。姓崔的小子，你真的一点都不懂得《诗经》所说的：真正的君子就像爬上了树梢上的藤条一样，是不会为了求个人之福而回头的。我晏婴就可以求福回头吗？你就是以戟戈加颈、横刀推胸，我也不会改变志向的。

【绝非说教】

晏子临"崔杼之难"的大智大勇

崔杼杀了庄公后，拥立景公为国主。崔与大夫庆封自任左、右丞相，把文武大臣拘禁在一起，筑坛逼迫大家一起盟誓，用千余士兵围在盟坛四周，凡进入者都要摘下刀剑，只有晏子不肯，崔杼也就答应他佩剑入场。崔杼用戟勾着大臣们的脖子，以剑顶着心窝，一个个逼着喝血酒盟誓：不拥戴他与庆封，而拥于王室的，"受其不祥"，就是杀了你的意思。轮到晏子时，先后已有七人被杀，都被扔在了事先在坛下掘好的大坑里。

晏子举起血酒杯，仰天长叹道："呜呼！崔子行无道而弑君，谁不拥护王室而与崔、庆结盟者，受此不祥。"低下头来，把杯中血酒一饮而尽。晏子敢如此而言，如此而行，显然是胸中已蓄必死之志，但崔却逼着他说："你把这话改过来，我与你平分齐国，共掌朝政；你如果不改口，剑戟已在颈胸。何去何从，你自己选择吧。"正是在这种一触即发生死在即的情势下，晏子讲了前面那段话而誓死不肯改志回头。

崔杼要当场杀了晏子，被同党劝阻："无道之君（指庄公）可杀，而其臣为有道之士，杀之不足以为教于人矣。"崔杼这才下令放走晏子。晏子却说："你干了弑君这种大不仁的事，而做放我的小不仁之事，哪有如此不中理的呢？"便从容不迫地走了出来。

车夫振缰扬鞭要骤马急驰，晏子却轻按住他的手说："慢走！疾驰未必生，徐行未必死。鹿生于野，命悬于厨，我的命握在人家的手心中啊！"于是车夫赶着车不紧不慢地从容归去。书称之：《诗》云："彼己之子，舍命不渝。"晏子正是此诗所说的这种人。晏子临难不避生死为大勇；舍死而吊旧主为忠义；对叛臣有理有节不苟不屈，借其血酒而声讨崔杼而得全身脱险为大智。是为千古不易之君子名臣。

六尺之身却有万丈豪气干云冲斗

晏子不过六尺矮短瘦小之身，临国难而不避艰危，豪饮血酒而骂贼，面凶臣对刀剑而不屈其志，真有大丈夫气概。爱默生有言"男子汉的本分是迸发太阳"，而晏子六尺之身所充一腔凛凛浩然之气，却迸发出干青云贯长虹冲斗牛的万丈正气烈烈之风。百世之后，仍令人得现中国先人中有此等人物，有此等义烈忠正之气不泯，足为一民族之骄傲之传承。

人格、忠烈、胆色、正气……也许正是这种种英雄本色、民族精神，在支撑着中华民族的气节长城永不倒吧！而且我深信，今日之同胞哪怕是非君子之类，也必于心深存此精神，中国人有这种精神。

秦砖汉瓦之长城终会倒掉，不死的唯有精神。晏子不朽！

二十四、晏子再治东阿而毁誉黜赏两致

　　景公使晏子为东阿宰，三年，毁闻于国。景公不悦，召而免之。

　　晏子谢曰：“婴知婴之过矣，请复治阿，三年而誉必闻于国。”景公不忍，复使治阿，三年而誉闻于国。景公悦，召而赏之。

——《晏子春秋·卷五 第四》

【直解】

　　东阿宰：齐地东阿县令。

　　毁：诋毁他的恶名。

　　这是“晏子再治东阿”中的一段。晏子初治东阿三年大公无私以法治县，县大治而因不徇私舞弊不结交朝臣而受攻击便被免职。晏子要求再治三年，回县后一切反其道而行之，县政不治反受到好评、受奖赏，而晏子坚辞不受。景公知道真情后，才升任他为宰相。

【绝非说教】

辩诬：说明自己不如证明自己

齐庄公被杀后，齐景公重新任用晏子为东阿县令，三年便恶名远扬，被景公免职。晏子说我知错了，请给我改正的机会。再治东阿三年，保证誉满全国。

三年后果然，齐景公十分高兴，便召见晏子要赏他，但晏子却不肯接受。齐景公问为什么？晏子说初治东阿三年，我因加强民间治安户籍管理，那些游民无赖都反对我；因为表彰奖励那些勤俭孝悌之人，惩罚偷盗懒汉以正民风，那些不肖之人都反对我；办案秉公打击地方豪强，这些人也都反对我；君主身边的左右近侍凡有求于我的，不合法合理的我都不办，又得罪了这些人；朝中去县里的权贵们，我都按礼的规定来接待，不铺张、不行贿，又得罪了这些人。如此，三年内便有"二谗"在朝内向您诋毁我；有"三邪"在朝外攻击我，这些话便都传到了您的耳中。而我再治东阿这三年，完全一一反其道而行之。所以这五种人便都说我的好话。这种赏赐我怎敢接受呢？景公由是才知晏子之贤，便升任他为相国，治齐三年而"齐大兴"。

官场之上，人心险恶，有如但丁《神曲》所言："人海波澜不亚于大海风浪。"人都以个人私利好恶来评价官员。正直无私者便常受无名之攻击诬告。是以有柳下惠直道事人，焉能往而不三黜之史鉴。但面对流言蜚语、不实之词，受误解，陷诬之中时，用语言来说明自己固然重要，但最有效的证词，却是用行动来证明自己。

君子行难，在人心之卑贱

为政之难，在人人都以个人得失来定行止；君子行难，在木秀于林风必摧之，人人都以自己的利害来论是非。所谓"人嘴两扇皮"，就是说人性的卑贱处，在于他的嘴可以不论是非，完全从个人利益的好恶出发，来随便褒贬人物。但真相总有大白之日。

人需要证明自己，有时也需要说明自己。舆人之论可怕，而小人的"两扇皮"就更可怕了。完全可以颠倒黑白，指鹿为马，头足倒置地来诋毁你，把你的德行说成罪行；把你的功绩，说成罪过。人真当谨言慎行，千万别去做授人以柄的事。既要行于正，又要防之邪；既要做事，也要防人言。人言虽不足恤，但自有可畏之处。更不可一意孤行。

除此而外，还有一种可怕的人心不公：卑贱低下的人为了证明不只自己卑贱，一定要把所有高尚的都说成是卑贱低下，他心理才平衡；贪脏的人，为了证明他不贪不脏，便一定要向不贪不脏的人身上大泼污水，才会心有所安。

这也许正是世间不善者多善者少，小人居多君子少的原因所在吧！但天底下终归是阳光普照，尽管阴影多多，但没有人会把那影子当成正义，终归是公道自在人心，邪不胜正，恶有恶报，善有善报，只是所报之时早晚而已。

二十五、知"道"知"穷"两君子

景公与晏子立于曲潢之上，晏子称曰："衣莫若新，人莫若故。"公曰："衣之新也，信善矣；人之故，相知情。"晏子归，负载使人辞于公曰："婴故老耄无能也，请毋服壮者之事。"

公自治国，身弱于高、国，百姓大乱。公恐，复召晏子。诸侯忌其威，而高、国服其政。田畴垦辟，蚕桑蓁牧之处不足，丝蚕于燕，牧马于鲁，共贡入朝。

墨子闻之曰："晏子知道，景公知穷矣。"

——《晏子春秋·卷五 第五》

【直解】

曲潢：齐国河流。

"衣莫若新，人莫若故"句：出于古诗"茕茕白兔，东走西顾。衣不如新，人不如故。"是说衣服是新的好，人还是故人好。

信善：相信这是很好的。

相知情：互相知道底细，是民间所言"界毗子（隔壁邻居）怕老乡"之意，互相都知道老底，怕扬其丑播其陋。

负载：整理行装，准备辞行意。

老耋：古称70至90岁这个年龄段的人一般称为"耄耋之年"。

讳毋服壮者之事：请不要再让我做壮年人的职事了。身弱于高、国：指齐景公制服不了国内的高、国两大贵族兴乱。

知道：懂治术。

知穷：知道自己没办法了。

这一段大意说：晏子对景公说"衣莫若新，人莫若故"。景公却说故人知道老底啊，表示对旧臣有戒意。所以年老的三朝元老晏子便辞职了。齐景公自治其国，国内马上大乱，便又把晏子请了回来。不但高、国臣服，国内大治；又发展农桑广辟新地，仍满足不了养蚕、牧马的需要，就到燕国去养蚕，到鲁国去牧马。而且大小国家都来亲睦、进贡。所以，墨子听到后便说："晏子懂治国之术，景公知自己技穷。"

"不服输"：人最可敬也是最可怕处

人知道了自己的不足之处，便是一种自知之明，便称得君子。而知所短，便自取人长；所以，君子知所穷，便必有所达。齐景公事可为此注脚。人最可敬的是"不服输"，最可怕的也是"不服输"。志士以"不服输"而崛起，赌徒以"不服输"而崩盘，终至血本无归。

不服输，是一种志气；也许只是一种赌气。服输则可能是一种气馁，也许是更大的一种勇气；而自知其"穷"，则是一种大智慧。

"衣不如新"目之所需；"人不如故"情之所系

"衣不如新"，旧衣"不如新"在什么地方呢？不过是满足自己与他人的视觉需要。新衣穿在身上，固然体面、好看，也可以掩人耳目。是以俗言"远敬衣服近敬财"，意思是远处的人不知你的底细，所以你穿得体面，他就会认为你是体面之人，会对你有所敬重。而近邻则敬你的财物，而不看你穿什么衣服。所以凡会客、远出务须衣着整洁，也是对他人的尊重。但新衣服穿在外面受拘束、呆板，穿在里面则不熨帖、不舒服啊。衣服还是半新半旧的好；旧的比新的好；破衣烂衫则不好。

"人不如故"则是一种感情需要。人们怀念故乡，不只因有故土在，更因有故人在；人留恋旧居，则因为住惯了熟悉，所以歌德说：住惯了的地方就是天堂；而俗语则称"人熟为宝"。所以古人对君王说：故国之所以称故国，因有老臣在。而齐景公却说旧人知老底，这是一种心虚的表现。这就是百姓所言"界毗子（邻居）怕老乡"，怕什么呢？怕揭他的老底，怕不服他。而有底气的人若是他乡遇故人喜莫大焉。若想成就事业，必有自己的老团队为柱梁才好。新人之间打交道是需要支付"人际成本"的。

"伤人不伤脸"，常识；"说话别揭短"，千万

为什么齐景公只说了一句"人之故，相知情"，晏子就辞职了呢？因为晏子是三朝元老，太知他家的老底了，而且他已年老，所以特敏感。既然你怕老臣知道老底，又认为人不如新，那老臣便辞职一走了之是了。

无论为人上司者，还是人际之间，说话一定要看对象，要十分慎重，千万别触及人的短处。否则可能一言成仇。所以民间有言：守矬子别说短话；伤人不伤脸，说话别揭短。因人人都要面子，脸是打不得的。其语虽俗，其理实在至情、至理，其所言实为名言、金言。

二十六、士君子智在善于
"依物而偶于政"

景公之时饥，晏子请为民发粟，公不许。当为路寝之台。晏子令吏重其赁，远其兆，徐其日，而不趋。三年台成而民赈，故上悦乎游，民足乎食。

君子曰："政则晏子欲发粟与民而已，若使不可得，则依物而偶于政。"

——《晏子春秋·卷五 第六》

【直解】

"当为路寝之台"句：齐景公不许晏子放粮赈济贫民，要把这些粮食用在建造供他游乐的高台上。此台名为路寝台。

"令吏重其赁"名：晏子便命主管建筑的主官提高建台的工

价预算，把工期拉长，放慢工程进度，而不急于竣工。

不趋：不急于催促。

"依物而偶于政"句：借助、依附外物或某种名义来实现自己的目的。政，此外指晏子以粮赈民的目的。

这一段记述的是晏子巧借景公修建高台的名义多报预算，从中挪用粮食济民的故事。我们只可从中悟理，而不可照行，否则便是"欺君之罪"，又有违纪之嫌。虽是无私为民，于今似也不妥。

【绝非说教】

直道事人何如暗度陈仓三全其美

晏子辅政，虽以敢言人之所以不敢言者，似以直道事人而闻名于世，其实不然。尽管晏子多次辞职或被罢官，但能连辅三位不贤不明之君，对一个君子之臣而言实非不易，所赖绝非一直字、一敢字，而赖一智字。他并不总是犯颜直谏于君，而是一个很有政治智慧的人。这种借修台之名而行赈民之实，就是典型的明修栈道而暗度陈仓。而能收不违君意，又救民饥，也实现了自己的目的之效，实可谓一石二鸟，三全其美。称得上是大智慧。为人之谋主、之下属者，应该去认真学习一下晏子的方式与艺术。

佛门有"当头棒喝"之语，世无喜欢受棒之人

晏子称得上是直道事人的真君子，他的一生何止于柳下惠的"三黜"之劫？但终能事三君而一心，名满天下，孔墨赞之，诸侯礼之，奸小敬畏而贵贱服之，何止一个"直"字？而更多的是靠智慧。

智者，"知""日"为智；知者为矢口不言，言必有中；日者为通神之卜，就是占卦的。是以，士君子之风不惟在直，更在智。君子是没有死打硬拼、没有凿死铆的，那是铁匠与木匠的风格。而人非铁木，谁人会任你锤打斧凿？人何以堪？君何以堪？

尽管佛门有"当头棒喝"之语，但我相信这世界上绝不会有喜欢让人总往自己脑门儿上敲棒子的人。《荷马史诗》称"聪明人使牛马为人服务"，而牛马怎么也想不到驯服人去听它的役使。这就是智与不智之别。如果不想当牛做马，还是多一点智慧为好。即使是有些"小花招"，只要有利于人，无违仁义良知，便无损于君子之行。

二十七、君子当以君子之心度人

　　景公游于寿宫，睹长年负薪者，而有饥色。公悲之，喟（音愧）然叹曰："令吏养之！"

　　晏子曰："臣闻之，乐贤而哀不肖，守国之本也。今君爱老，而恩无所不逮，治国之本也。"

　　公笑，有喜色。晏子曰："圣王见贤以乐贤，见不肖以哀不肖。今请求老弱之不养，鳏寡之无室者，论而共秩焉。"

　　公曰："诺。"于是老弱有养，鳏寡有室。

——《晏子春秋·卷五 第八》

【直解】

喟然：感慨叹息的样子。喟，叹息。

逮：及，到达。本处指无所不及。

不养：无所赡养。

无室：女人无家为寡妇，男人无家为鳏夫。古代女子出嫁为有家，男子娶妻为有室。有夫有妻而合称家室。此处的室，代指家、室。

论而共秩焉：商量考虑一下可否把他们区分等级，由公家给他们俸禄养起来。论，考量分列；共，通供，指供养；秩，俸禄级别。

【绝非说教】

乘人心情而成其事者为大智

小人以己度人，人何以堪；君子以己度人，显人之美而自为美德。人当学会以君子之心来度量他人，就是小人也可有因此一言而言其善端，成其君子之行。晏子因景公悲一老之恻隐，而赞其知治国之本，令景公"笑，有喜色"；晏子便乘机扩大战果，建议把天下无养无家室的老弱鳏寡都由国家赡养起来而成行，可谓君子之大智。而其间的"公笑，有喜色"五个字大有文章。晏子可谓见机行事、乘势鹊起的智者。君主的一喜一怒，足以成事败事，智者真当见机而行。有道是小孩子都会看大人脸色行事，那么大人之智怎可不及稚子？

人言"好孩子是夸出来"的，领导有时也需要下属调动积极性，君主之心也未必比小孩子强大多少，也喜欢表扬鼓励，天下人无分老少贵贱尊卑，人同此心，心同此理。你只要不以谄媚惑主，还是多讲人的优点为好。因人称其一小善而成其大德者间或有之；因其一言之毁，而毁人一生者也自有之。一言积德而获福，一言不慎而伏祸者，比比皆是。人真当多积口德，而慎出恶言。

知怜雏鸟之弱者近于圣王之道

景公即位之初也就十几岁，很年轻，曾经上树掏幼鸟，发现小鸟正在哺乳期很弱小，便又把鸟放回去了。晏子知道后，便无召而自入宫求见，齐景公认为这老头知道了鸟的事来责备他，吓出一身冷汗，"公汗出惕然"。

晏子问道："君主您做了什么事啊？""我掏鸟窝去了，但小鸟太小又送回去了。"晏子向前走了几步，回身面北向景公叩拜而贺："吾君有圣王之道矣！"弄得齐景公既不知其然，又不知所以然，便愕然问道："掏鸟与圣王之道有何干？"晏子答道："君主怜弱惜幼，自有长者之风、恻隐之心。吾君仁爱之心能加于禽兽之身，这本是古圣王之行啊！"

智者有读心之术，君子以人小德成其大美

悲一老者之老，惜一幼鸟之弱，本自人之本能常情，晏子却把它升华为仁爱之心、圣王之道，足见晏子的君子之心。古人不有言"你是什么人，你眼中看到的就是什么"吗？而曾国藩又有言：人以伪来，我以诚往。久之，其伪亦诚矣。

智者有读心之术，君子能度人小德而成其大美。以此谓晏子不为不切。是以无论孔丘、墨翟都对其屡褒不绝。

二十八、士君子智在护上佑下

"臣闻下无直辞，上有隐君；民多讳言，君有骄行。古者明君在上，下多直辞；君上好善，民无讳言。今君有失行，刖（音月）跪直辞禁之，是君之福也。故臣来庆。请赏之，以明君之好善；礼之，以明君之受谏。"

公笑曰："可乎？"晏子曰："可。"于是令刖跪倍资无征，时朝无事也。

——《晏子春秋·卷五第十一》

【直解】

隐君：隐其私恶而不喜闻谏宫门之君。

刖跪直辞禁之：受过斩足之刑的守卒直言不讳地禁止景公出宫。刖，断足割膝的一种古刑；跪，代指双足与膝。

"倍资无征，时朝无事"句：指景公对城门守卒的三项奖赏——①增加一倍的俸禄②免征其税；③有事无事可随时入宫朝见景公。

这是齐景公无行驾车出宫，而被守门卒怒斥，鞭其马不肯放行，而晏子保护门卒且令景公有纳谏爱忠之名故事中的一段。足见晏子的仁心与智慧。

【绝非说教】

君主无行而门卒可斥鞭马回车

齐景公在白日里披散头发，拥着女人，乘六马的君车，要出宫去游玩。一个受过刖刑的宫门守卒一见此形此状，怒从心头起，挥手一杆把马打了回去，并对景公怒呼："你不是我的君主，我的君主怎会如此无状？"

齐景公为此惭愧得无地自容，连朝也不上了。晏子问清侍臣裔款是怎么回事后，便去拜见景公。景公便对晏子说道："是我的罪错啊！寡人得先君与大夫所赐，得即其位，率百姓以守宗庙。如今受刑人之责有辱社稷，还有何面目见诸侯啊？"晏子便对景公说了前面那段话，意思是说："您不要以此来自责，也不要憎恶守卒。一个受刑的守卒能如此，正是爱国爱君之心未泯。只有君王有容人之襟怀，纳谏之雅量，有明君在上，臣民才敢直言于下。如今君王有失，连此人都有此直言率行，这是君王之福啊！所以我特来向您道贺。还请君王赏赐礼遇这位守卒，以示您好善、受谏。"于是，景公才高兴起来，便按晏子的建言，给了守卒三项赏赐。

为人上司者一定要注意自己的形象，而不可忽于小节，而让你的下属以你为耻。而景公知惭而纳谏之处，门卒敢斥君打马回车之举，晏子能护上佑下，使人加亲之仁智，皆有可取之处。

成人之美自为大美，予人以德自为厚德

世间不怕没好事，就怕没好人。不怕没谦谦君子，就怕无君子之心。此事一般的结局会是：守卒被杀头；景公恶名远扬；而令国人讳言禁口。景公有自惭之意，若无晏子有君子之心、智者之辩，虽有老卒一片爱国忠心，那也很难两全其美。

上乐其君而为之解忧，变耻辱而颂扬仁风；下全其卒，避加罪之辞，而玉成其美。晏子如此之智，士君子之官人、谋臣不可不鉴。须知成人之美者自为大美，授人以德者自为大德。若能如此，想避盛名、辞高誉都不可能，而何须争、夺、沽、钓？而天下人多重己名之美、己德之高，而不知其从何处而来。非不智也，是其私也。

二十九、齐景公以二贤治国
一佞乐身仅得不亡

君子曰："圣贤之君，皆有益友，而无偷乐之臣。景公弗能及，故两用之，仅得不亡。"

——《晏子春秋·卷五 第十二》

【直解】

偷乐：苟且淫乐。

两用之：指益友贤臣与为其偷乐之臣两用。

亡：亡国身灭。

这是"景公夜寻饮而三移酒席"篇的尾段。君子者对此评论道：贤君身边有劝谏之友，而无迎合之奸。齐景公不是贤君，所以忠奸两用，也只能得以身安国存而已。

【绝非说教】

古今官场"流行病"

景公夜饮，一高兴便移宴到晏子家。先行者报"君到"，晏子连忙穿上朝服，晏门立雪，恭候大驾，见景公至便问道："一定是有大事啊，否则君主何以非其时而屈尊夜临？"景公却乐呵呵地说："哈，无他，只是酒美歌乐，想与先生分享一下。"气得晏子面色如水地说："饮宴之事自有人司主，臣不敢奉陪。"

景公酒没喝成，吃了一道闭门羹，便移宴到大司马穰苴家。吓得司马将军披甲戴盔备马执戟出见景公说："莫非有诸侯犯国？还是叛臣兴乱？"景公又是如前所说。司马如晏子同样回答，酒不陪却又给他上了道羹喝。

景公酒乐之心不死，便又移宴到大夫梁丘据家。梁先生一接到通报，马上"左操琴，右挈竽，行歌而出。"乐得景公说道："真高兴啊！今晚我终于可以畅饮一番了。没有那两位先生，何以治国？没有此一臣，何以乐吾身呢？"所以，记事者在此下写了前面那段"君子曰"。

齐景公之病，似古今官场流行。高官身边似乎都少不得两种人：干事的和侍其私欲的。所以中华几千年的历史，才有"四大治世"出现：周之成康、汉之文景、唐之贞观、清之康乾。而盛世之君主似也难辞此病，只是程度有所不同而已。

正邪两用的领导者可与齐景公称弟

历史总有惊人的相似之处。今日官场之上的一些弊处与昔日似也大同小异。大僚小吏似也治大国如烹小鲜，烹虾米也如煮王蟹。大大小小的领导者身边哪个能少得了几个能臣干将？但在那些齐景公式的冒号身前身后，哪个不有一些弯弯曲曲的逗号、问号、引号前呼后拥、抬轿子；提前造好了吃喝玩乐吹吹拍拍一条龙的造句？兼顾谋篇布席，首尾呼应？此种人虽非全部，但也绝非步兵出操的口令"一二一"，"一二一"，"一二三四"。

这些人真可与齐景公去拜把子称王兄道小弟。但那得是在地下了，肯定。而齐景公则一定会说：不敢、不敢，自以弗如。因齐景公尚得"不亡"。

三十、士君子智可折冲樽俎之间

晋平公欲伐齐，使范昭往观焉。……

范昭归以报平公曰："齐未可伐也。臣欲试其君，而晏子识之；臣欲犯其礼，而太师知之。"

仲尼闻之曰："夫不出于樽俎之间，而知千里之外，其晏子之谓也。可谓折冲矣！而太师其与焉。"

——《晏子春秋·卷五 第十六》

【直解】

晋平公：晋悼公之后的晋君，在位于公元前550年间。

范昭：晋国大夫。

往观：前往齐国打探虚实。

仲尼：孔子。

樽俎：樽，酒杯；俎，菜板。合称代指酒宴。

折冲：使敌军冲锋的战车折回而退，以折其锋而退其车，代指胜利。

太师其与：齐国那位智慧的太师也有功其间。

本段讲述的是晋国要侵犯齐国，先派使臣来打探，晏子与太师二人以智慧让使臣屈服，而晋国由此罢兵的故事。

【绝非说教】

晏子之智不战而屈人之兵

晋大夫范昭到齐国后，因为他是大国的使臣，所以便由景公出面宴请，由齐国的太师与相国晏子二人陪同。

酒至半酣，范昭装醉对齐景公说："我们换换酒杯吧！"实际上是想让景公为他斟酒。景公便命人把自己的杯子斟满，送给他。可是晏子却马上下令撤杯，换了另一只杯子斟酒送给他。

范昭又装醉起舞，请齐太师给他弹奏成周（周初）的音乐。可是聪明的太师却说："对不起，我没有学过。"

范昭两探都未得逞，便又装醉退席而出。景公却责备晏子不该惹怒范昭。晏子说道："这个人不是浅薄而不知礼的人，他要用您的杯子，是想试探我国君臣的反应，我怎么能让他得逞呢？"齐景公又对太师说："先生为什么不应客人之请，给他弹奏一下成周的音乐呢？"

太师回答道："成周之乐，是天子起舞所配用的，他不过是个使臣，我怎么能越礼给他演奏呢？"

果然范昭回国后向平公报告齐国不可以攻打，我刚想试探一下他们的君主，马上被晏子识破；又想试探让他们违礼用乐，可是马上又被太师识破了。这个国家的君臣如此和谐而又智慧，是不可攻打的。于是晋国便取消了对齐作战的计划。

孔子听说此事后，便叹服道："古人所言，折冲于酒宴之间，而决胜于千里之外，这就是在说晏子的智慧吧，而那位太师也有功啊！"

这个世界永远由智者统治

东汉末年在曹操刚刚起兵时，袁绍对他说：我已拥有冀州的广阔领土，坐拥十万大军，以此来争锋天下。您今后有什么打算呢？曹操答道：我的打算是用天下人才的智力来统一天下。二人的话大体是这个意思吧。果然，兵精将强的袁绍却被只有几千人的曹操消灭了，而且曹操牢笼天下人才、智士，终于成为汉末三统之首。

在古希腊的特洛伊战争中，表现最为怯懦卑鄙的奥德修斯竟然成为行吟诗人荷马到处吟唱的主角。为什么呢？后来的维克讲道：这个人代表了古希腊所推崇狡诈的智慧所有的品质，无论好的坏的，"例如警惕性、耐心、欺诈、耍两面派、伪装，经常把话说得很妥帖，而对行为却不介意，引诱旁人自陷错误自投罗网"。而且在特洛伊战争中，他似乎坏事做绝：

身为古希腊联合体一个城邦国家的国王，听说战争爆发组织远征军，便马上装疯卖傻；被识破后，又用诡计诱骗出年轻的阿喀琉斯出征而阵亡；又用计胁迫联军统帅阿伽门农在出征前用爱女祭神；中途把被蛇咬伤的神射手毫无道义地抛弃在荒岛上，当他知道这场战争如果没有携带着赫拉克勒斯神弓的这位神射手，就不可能打赢时，又亲自去把他接回；为了争夺战利品，他不怕逼死联军第二号战将大埃阿斯；因忌妒军中另一名声显赫的青年将领，竟然偷埋黄金于他床下，又亲任搜查官、审判官，亲手用石头把他砸死，以致激怒正义女神一定要报复他。但他的智慧却成了自己的保护神。

在首席战将阿喀琉斯阵亡后，亚军战将大埃阿斯与根本不是对手的他争夺阿喀琉斯铠甲时，揭他老底骂他胆怯无耻，他却大言不惭地讲道："你骂我胆怯、软弱，却不知道智慧才是真正的力量。正是智慧和聪明，教会水兵穿过惊涛骇浪，教会人类驯服野兽、雄狮和猛豹，并使牛马为人类服务。因此，无论在危难时，还是在会议上，一个有智谋的人总是比有体力的蠢人更有价值。"（见施瓦布《古希腊神话故事》408页）而晏子"二桃杀三士"的故事似乎可做此论的注脚。在大决战前，他还教训力主攻坚的阿喀琉斯的独生子说："你应该知道，世界上不是所有的事情，都可以靠勇敢成功的。"最后连主神宙斯都站在了他的一边。这场相持十年的残酷战争，最后还是靠了他的"木马计"赢得了胜利。

在撤退班师时，正义女神开始报复他的恶心与猖獗，让他历尽苦难九死一生，但一次次艰险，也都是靠了他的智慧得以生还。虽然这些都是人编的神话故事，却足见古希腊人对智慧的推崇。而中国最有名的关于智慧与勇力的历史故事，则是楚汉相争。

刘邦以屡战屡败而屡败屡战的牛皮糖不倒翁精神，以一个地方小亭长之身与神威凛凛力能举鼎打遍天下无敌手的项羽打了几年的仗，把项羽拖烦了，便一个人倒提蛇矛，匹马来到刘邦城下叫阵："天下汹汹数年，只为你我二人。你有本事就出城来，你我二人决斗，一决生死而定胜负如何？"刘邦却在城楼上答道："我不和你扯，君子斗智不斗勇。"而刘邦也没什么智慧，更没有勇力，他靠什么打胜了项羽呢？他靠的是天下所有文韬武略一流人才的智慧与力量来打赢这场战争的。后来一个阮籍过成皋思往事时叹道："世无英雄，遂使竖子成名。"他讲错了，这个"竖子"是无能，但他能运用天下人的智慧和力量，这就是最大的智慧，最大的能力，最大的英雄。虽然称刘邦为英雄，有点玷污，但事实如此，不是论胜者王侯败者贼，而是论其何以胜，何以败。

三十一、君子"问年谷而对以冰，礼也"

景公伐鲁，傅许，得东门无泽，公问焉："鲁之年谷何如？"对曰："阴水厥，阳冰厚五寸。"不知，以告晏子。晏子对曰："君子也。问年谷而对以冰，礼也。阴水厥，阳冰厚五寸者，寒温节，节则刑政平，平则上下和，和则年谷熟。年充众和而伐之，臣恐罢民弊兵，不成君之意。请礼鲁以息吾怨，遣其执，以明吾德。"

公曰："善。"乃不伐鲁。

——《晏子春秋·卷五第十七》

【直解】

傅许得东门无泽：齐国征鲁大军在接近许国附近处，俘虏了鲁国的士大夫东门无泽这个人。傅，靠近；许，许国；东门，复姓，名无泽，鲁国儒臣。

年谷：当年谷物收成。

"阴水厥"句：地下面的水已结冰；地上的冰厚五寸。阴水厥：地下为阴；水厥，已被冰封死；阳冰，地上之冰。

不知：齐景公听不懂。

遣其执：把抓到的鲁国俘虏放回去。

为什么晏子讲了一个"礼也"，景公便同意撤兵了呢？晏子对他解释道："这位懂礼的君子说地下封冻，地上结冰五寸，是在讲阴阳协和，四季冷暖适宜。天地阴阳和谐冷暖适宜，是对应于国家刑法政令不轻不重合于民情人性，由此而必然上和下睦政通人和，由于四时冷暖适宜，政通人和，那就不言自明，鲁国是个大丰年。鲁国如此，我们还要去攻打，那注定要吃败仗的啊！"所以，晏子才建议对鲁国虽有先兵之不敬，而以后礼补之，结好鲁国亦不为晚。所以齐景公才下令息战撤兵。

【绝非说教】

一礼可退十万雄兵两无所伤

一个"礼"字有这么大的力量吗？礼的后面如果没有实力在支撑，你再讲究也挡不住虎狼之势横行域内。所以马基雅维利的"实力即外交"，此言不差而义不谬。但礼与非礼却足以消解矛盾或激化矛盾。

公元212年冬，三国时代的中原曹魏政权与江东孙吴政权在长江下游的濡须口大会战。曹魏大军号称四十万。曹军先破东吴东西大营，吴军后破曹军水师，两军大战一个多月，杀得没有水上优势的曹军高挂免战牌。战争一直相持到第二年的三月。孙权亲率水军旗甲鲜明地向曹军耀武扬威，而曹军不敢截击，而且让曹操看得长叹"生子当如孙仲谋"。

孙权几次耀武于曹魏营前，也自知难以战胜曹军，而且几十万大军横陈在家门口，也没法过日子，很是忧心如焚。看见江边的沿凌水已现，自思春来冰消冻解，惯于北方陆战的曹兵就失去了优势，但他却不想再打下去。那怎么样才能让曹军撤兵呢？入夜时分，掌灯铺纸，提笔写了一笺封好，次日黎明便派使者送入曹军大营。曹操拆信一读，却只有八个字："春水方生，公宜速去"。曹操觉得很奇怪，便反复翻看，又见纸背面还有八个字："足下不死，孤不得安"。曹操见此不仅仰天哈哈大笑，还连称孙权聪明。马上展笺对众将说道："孙权不欺孤也。"便下令撤军了。

一场大战几十万大军，竟然如长江上的春水破凌，一夜之间知向谁边？其实双方早有罢兵息战之心，只是谁也不肯先开口，那等于认输。但孙权主动示退了，而且那十六个字太有水平了：正面八个字是正文，以一方主帅的身份正式提醒曹操：春天到了，水都活了，你的陆战部队都是旱鸭子，怎么斗得过我江东本土本水的水鸭子呢？应该最快地离去才是上策。完全是从客观实际出发，为对方着想，实实在在。而背后八个字则纯粹以个人身份的一种调侃，字面上是在骂人，而潜台词则是很看得起曹操，让曹操退兵也有面子可赚：我不死，他不安，他怕我呀！所以曹操马上就坡下驴撤兵了事。

而南北朝大梁的那位将军臧质就不同了：北魏的国主亲自率兵来攻，陈兵城下但并不攻城，本想陈兵耀武后便撤兵，但这个守城将军以劳军名义给魏主送了几坛子酒，魏主十分高兴。但打开坛子却是臭气熏天，原来坛子里装的全是尿。这一下把魏主气得马上下令攻城，厮杀不已。本来可以化干戈为玉帛的事，却因此而弄成了一场生死相搏，双方都死伤惨重。

这就是礼与不礼的大大不同。兵学都推崇兵不血刃"不战而屈人之兵"，而达此目的最体面的办法无过于"礼"。政治、军事如此，而平常人际关系又何尝不是如此呢？有道是你敬我一尺，我敬你一丈；来而不往非礼也；往而不来，礼非礼也。人与人间还是礼敬为上的好，何苦鸡争鹅斗的呢？

三十二、君子交往之礼在让在行

景公予鲁君地，山阴数百社，使晏子致之，鲁使子叔昭伯受地，不尽受也。……子叔昭伯曰："臣受命于君曰：'诸侯相见，交让，争处其卑，礼之文也；交委多，争受少，行之实也。礼成文于前，行成章于后，交之所以长久也。'且吾闻君子不尽人之欢，不竭人之忠，吾是以不尽受也。"

——《晏子春秋·卷五 第十八》

【直解】

山阴数百社：泰山以北的数百村庄。景公因喜鲁公仁义，决定将这块土地赠给鲁君。社，土地神。在国则为社稷之神，祭之于社稷坛；在村则为土地佬，祭之在土地庙。祭所便称为社。农村基本上一村一庙，所以一社亦等于一村屯。数百社大约相当于今日几个乡的规模。

子叔昭伯：鲁国大夫。受命从晏子手中接受赠地的使臣。

交让：指诸侯相交在于相让。

"争处其卑"句：相见入座时，双方争着坐于下首，谁也不肯居于上首，这是一种礼让之"文"在先；而在互相赠礼时，互相都想多给与对方，而自己却争着少得，这是礼的实质性之行。而"礼"这篇文章，正是由谦让之"文"与实行之"章"两个方面写成，只有如此，这种交往才能长久。

"君子不尽人之欢"句：君子的风度在于不去把别人的快乐享尽，也不可以尽受别人的忠心，所以我不能全部接受齐国所赠的土地。

这段是讲诸侯间的友好交往要想长久，主要在依礼而行——有尊有让在先，是为礼之文；实际行动中的多予少取，是礼的成章于后。正是由尊让于先，多予少取之行于后，才成其为礼的这篇文章。所以，齐国赠鲁的土地，鲁依礼的说法不肯全受；齐国为其君子之风所感，便又给予远不如齐国富强广大的鲁国以特殊的礼遇。而"君子于鲁，而后明，行廉辞地之可为重名也"。也就是说：只有具备鲁国这种君子风度，才可以名重于天下。

让名让利才有长久之交

所谓君子，本为不贪不争不傲不欺之人。而君子之间的交往，则必得以你礼我敬、你尊我重、你谦我让、你来我往才有长久。尤其名、利二字，尤当谦让于人。有一人想占便宜便无久长。而管鲍分金，也在管之让，鲍言之以实，才得其谊久长。而管子仍终身不荐鲍叔牙为相，只以为友而已。难说非心有所不重也。

说的比唱的好听，做的要比说的好看

人会说话自让人喜欢；没酒没饭，送你三里半，也是一种盛情。但这都是虚的。人际交往更贵利害面前的实际行动。人不能只是说得比唱得好听，而且一定要做得比说得更好，才会让人感动，才见真情。

三十三、"君子有道，悬之闾门"

景公游于纪，得金壶，乃发视之，中有丹书，曰："食鱼无反，勿乘驽马。"公曰："善哉！知若言，食鱼无反，则恶其臊也；勿乘驽马，恶其取道不远也。"晏子对曰："不然。食鱼无反，毋尽民力乎！勿乘驽马，则无置不肖于侧乎！"

公曰："纪有书，何以亡也？"晏子对曰："有以亡也。婴闻之，君子有道，悬之闾。纪有此言，注之壶，不亡何待乎！"

——《晏子春秋·卷五 第十九》

【直解】

纪：古纪国遗址。

丹书：朱笔所书红字。

食鱼无反，勿乘驽马：吃鱼不能翻，不要骑劣马。反，同翻。驽，劣马，"驽马恋栈豆"，喻干活不行，却很贪吃。

君子有道，悬之间：君子之人如有什么益人的道理，应该把它写出来，挂在乡里街巷的大门上，让大家都知道。悬，挂；间，里巷的大门。

这篇短文的意思是：晏子借题发挥劝谏齐景公惜民力民财，远奸用贤。要把君子之道弘扬开来，才不致亡国。

【绝非说教】

不要把道理装在壶里，那是亡国之道

景公游古纪国的遗址，发现一只金壶，里面有一幅写着红字的布条。景公读完了便说："写得真好啊！我知道它是什么意思了：'吃鱼不翻鱼身'，就是嫌其腥臊；'不要骑劣马'，就是嫌它跑不快跑不远。"晏子马上说："不是这样的，'吃鱼不翻身'，就是不要把鱼吃光，是劝君主不要用尽民力；'不要骑劣马'，就是劝君主不要在身边用那些贪吃不干活的不贤之人。"

景公问："纪国有这种说法，那它怎么还灭亡了呢？"晏子答道："纪亡自有原因。我听说：君子有大道，便写出来挂在街巷乡里的门楼上，让大家都明白。而纪国却把此言像注水一样装在壶里，不亡国而何待？"

古人为什么"吃鱼不翻"

礼仪所规。古人十分讲吃相，有许多禁忌。做客不能把菜吃光、饭吃净，那会让主人很尴尬，而客人又显得很贪婪。吃饭时不能张口大嚼，吃相难看；无论吃、喝都不能发出叭叽叽叽咀嚼和吱吱吸食的声响，因为那是猪吃食喝水时发出的声音。包括入席、座位、菜怎么夹，都有许许多多的说法和讲究，否则便会被人瞧不起。而吃鱼只吃一面，不要翻吃另一面，无非是讲礼节，不要吃光；或忌一"反"字、"翻"字。船家尤忌"翻"字，必言此词时则换称"划"，"翻过来"称"划过来"。

讲究太多了，人不自由；一点也不讲究，你是自由了，别人不舒服。餐桌文明，饮食礼仪是一门大学问，总还是要讲究一点的好。至少"吃相"要稍稍雅观，不致影响他人才好。

三十四、"君子赠人以轩，不若以言"

曾子将行，晏子送之曰："君子赠人以轩，不若以言。吾请以言之，以轩乎？"曾子曰："请以言。"

——《晏子春秋·卷五 第二十三》

【直解】

将行：指孔子的弟子曾子来访将要回乡。

"君子赠人以轩，不若以言"句：君子临别赠人以车马为分别的礼物，不如说几句肺腑之言得好。

曾子临行，晏子相送，心中有话要说，所以便问曾子："我听说君子临别赠人以高车，不如以赠言。我是送你高车骏马为送别之礼物，还是送你几句话呢？"曾子说："请以言相送吧！"

人最好的味道便是没有味道

俗言"君子之交淡如水"。

人际之间真能相交如水，那便是天下第一等的友情了。

血浓于水，酒浓于水，茶也浓于水；最简单的饭米汤与清汤，都浓于水。怎么可以水来喻君子之交呢？不讲清白二字，先讲水的味道。是的，水是没有味道，但君不闻有言：人最好的味道就是没有味道吗？那世间还有什么味道比水的味道更好呢？

再讲水的价值。世界上最贱的商品便是自来水，但这不等于是水的价值。水在诸种饮品中，是清清淡淡、没滋没味的。但仔细想想，那些所有液体、饮品中，缺了水哪个会有所成就呢？给了你真情这杯水，就是一笔万能的财物，你酿什么他就给你什么。你说它的价值有多大？无价。

再说淡的对应物——"浓"。什么是浓？好坏先无论，但注定凡浓的东西，都不纯，还有纯于水的一般液态吗？能获得如水清纯的友谊，在这个如此混浊的世间，似乎是至福了。

君子之交，何淡之有

学会珍惜。果能得一如水君子之交，又何淡之有呢？没有利益交换互市之污，没有酒肉花天之累，没有麻将昼夜不舍之害。互相无羁无绊，只有一心相系。临危可托一身生死，逢难可寄六尺之孤。所谓人生有一知己足矣。那这"一知己"只有你的君子之交，才是真正的知己。正因无任何金钱物欲谋私之利害关系，所以称淡。

那么，君子之交到底是一种什么交情呢？是正人间的一种同气相求，一种人格上的认同尊重，是一种精神上的友情，没有任何世俗物欲利害的诉求。但既然是君子之间的交往、友情，那必须是以一个义字为基础为前提的。有道是君子喻于义，小人喻于利。什么是义？心心相印、肝胆相照。平时无党无私无利无害。在你逢灾落难失势时，别人都唯恐避之不及，他会来到你身边；在你得势时，他会离你远远的，唯恐有势利之嫌。这应该算是君子之交了吧？

三十五、君子如直木，慎隐揉难复

晏子曰："今夫车轮，山之直木也，良匠揉之，其圆中规，虽有槁暴，不复嬴矣，故君子慎隐揉。"

——《晏子春秋·卷五 第二十三》

【直解】

揉：此处指通过浸熏蒸烤绑扎等各种方法，把木头弯曲变形定型的一种工艺；木一经定型，无可复原。如"揉木为耒"，"揉曲木者不累日"，"三人成虎，十夫揉椎"等中的揉字都是此义。

槁暴：日晒干枯。

嬴：有余、满、肥美等多义，此处指挺直，与前"车轮，山之直木"的直木相应。直木为轮之原本。

隐揉：多解为被揉而变直为曲。似亦可解为在你不知觉时被改变了。

这是晏子给曾子赠别的一段话。其意在劝喻曾子回到鲁国后，不要被那些坏人在潜移默化中改变了节操，像直木被揉成车轮一样，想再复原都很难。似有墨子悲染丝之义。

【绝非说教】

人生不桦不柳不惧所揉而惧误择

这个世上只有变是永恒的，不变是相对的。适者生存，人不改变自己就无法生存；不提高自己总是面目依旧，更无以言发展进步。揉，可以把直木变曲、变圆，但也绝对可以通过揉，把原生曲木变直。可怕的不是揉，是一旦被揉错了，想再复原很难。所以关键看你想揉成什么，往哪面去揉。结果怎样，在选择而不在揉。晏子的慎隐揉，与墨子的君子慎于染，异曲同工，但揉与染又有不同。

一块废料若能把它揉成器物，它的价值就会增加许多。在各树种木材间，只有桦木又硬又脆，具有不可揉性，但只有被当烧柴的命运，想要负重去架梁上屋想要有匠揉都不可能，没人用，没有用。而柳木最具可揉性，材质最柔软，但它唯一的用处是做扁担，同样没人用它架梁上屋，而且想揉都没人来揉。人不能太硬，也不能太软，否则都无以为用。

三十六、"君子慎于修"
而兰根莫浸苦酒

和氏之璧，井里之困也，良工修之，则为存国之宝，故君子慎所修。今夫兰本，三年而成，湛之苦酒，则君子不近，庶人不佩；湛之糜醢（音海），而贾（音古）匹马矣。非兰本美也，所湛然也。愿子之必求所湛。

——《晏子春秋·卷五 第二十三》

【直解】

和氏璧：和氏，春秋楚人，名卞和，得至宝之璞玉，献于厉王、武王二君，反被不识玉者以欺君罪刖去双足。卞和回乡抱玉而哭，三日夜不止。后来惊动了新即位的楚文王，便派人取去切割加工，果得美玉，无价之宝，称之为和氏璧。

井里之困：市井乡里的石门槛。井，市井；里，乡里；困：石门槛。

兰本：兰花的根。

湛：浸泡。

糜醢：肉酱。

贾匹马：价值可买一匹马相等。贾，买。也有注通"价"的。

必求所湛：指一定要寻找一个能让你提高修为，增长声名的好师友与有利修为的好环境。

这也是晏子送曾子的一段话，重点讲一个人的本质是同样的，但修为不同，便有不同的结果。和氏璧当初不过是乡间被人践踏的一方石门槛，切割磨莹后便成为国宝。兰花根在苦酒里，无人问津，而泡在肉酱中便可换一匹马。是它的本质变好了吗？不是的，它的增值是由于经过了肉酱的渍泡而变成了美味佳肴。所以劝曾子一定选好师友与环境。主旨还是讲人要注重自身的修为，讲修身的价值远大于未修之身的价值。

【绝非说教】

黄金饰品的价格远高于黄金

木头一经雕刻，就身价百倍；黄金饰品的价格远高于黄金。这后一句是古代英国外交官切斯特菲尔德对他儿子所讲的话。此人一生教导他的儿子，一定要学会"抛光"，修为好自己的优雅风度。并认为这种风度比你实际的学识水平与能力都重要。他认为人们对一个人的判定，第一位的是首先通过眼睛来判定，而不是靠耳朵与头脑。而晏子所提到的和氏璧与兰花根的命运，则更令人思索。

玉不琢不成器，而人不修为也难成大器。但人还是要把工夫下在提高自身的真实价值上。黄金饰品的价格再高，它的基础还是有黄金自身的价值所在。木头雕刻的身价百倍，但肯定没有黄金贵重。这是颜之推所言，雕刻了的木石，也不能和没加工的璞玉浑金相比，因为自身的价值不同。所以，人的修为，外表形式固然很重要，但最根本还是要解决好人格问题。

人格高尚，外在必然表现出君子风度不俗的气质；内在空虚，你怎么装也苍白。一个人的气质如何，是由内在学养、教养、修养所决定的，而不是你的衣着打扮与惺惺作态。

三十七、"君子居必择邻，游必就士"

婴闻之，君子居必择邻，游必就士。择居所以求士，求士所以辟患也。婴闻汨常移质，习俗移性，不可不慎也。

——《晏子春秋·卷五 第二十三》

【直解】

游必就士：游学交友一定要选那些有学识、品行好的读书人往来。

"择居"句：为什么要讲所住之处一定要"择邻"、"求士"呢？因为有贤士在侧，受其薰陶多有所益而不受其祸。

汨常移质：常居于污浊之所会让人的品质改变。汨：此处指污浊。

这是晏子送别曾子赠言中承上两部分的一段话，重点讲君子之人慎隐揉、慎修身，就一定要慎于选择邻居与交往之人，要有一个好的成长环境。

【绝非说教】

君子修身"四慎"之术

总括晏子送别曾子的赠言，围绕着他个人的修身立德，讲了四个方面的注意事项：①慎隐揉：慎于被外物改变自己的良好本质。君子虽然如直木，但一旦不慎就会被环境与习俗的"匠人"们揉制定型，想再恢复原本都难；②慎修养：要注重修养提高自身的价值。君子之质如璞玉浑金，只有不断去掉自身的杂质，把你的玉加工好，才会有和氏璧的价值，否则就是一块可以任人践踏的垫脚石门槛，没人知道你的石中怀玉；③慎择所居：人的住处本身怎样并不重要，重要的是选个好邻居。人的成长与环境的影响极大，近朱近墨如染丝；④慎择师友：与人交游，一定要选良师益友、正人君子，可收蓬生麻中，不扶自直之效。而用老百姓的俗话来讲，就是"跟着凤凰走是俊鸟；跟着黑瞎子走，一辈子都是熊"。

"四慎"之术，无非两个方面：其一，加强自我修养；其二，近贤习圣，亲师取友，问道求学。选择有利成长的好环境。中国人自古便十分重视环境对人的影响。孟子的母亲为了给他选择一个有利成长的好环境，竟然三次迁居搬家，住在学堂附近，这就是《三字经》上的"孟母居，择邻处"。

"千金买邻，百金买屋"与"有良邻，家不贫"

南北朝时代宋国的南康郡太守季雅罢职后，在辅国将军吕僧珍的宅旁花一千一百万买了一套宅院。吕知道后对他说太贵了。季雅却说："不贵。只有一百万是买宅子的，那一千万是买个好邻居的。"

那么，邻居如此重要吗？太重要了，尤其对青年人就更重要了。老百姓都讲"守什么人学什么人，守着巫婆跳假神"。也正因孩提少年的孟子曾如此而为，才有了"孟母三迁"呢。陶渊明有一句名诗叫"奇文共欣赏，疑义相与析"，是讲他自己迁居后与相邻的儒友切磋诗文的好处。而景公在问晏子他自己有什么愿望时，他讲道："家不贫，有良邻。""有良邻，则日见君子。"这也许正是季雅"百金买屋，千金买邻"。而晏子劝曾子"居择邻，游就士"的原因尚不止于此，还在于"所以辟患也"，有了好邻居好朋友，便少去后患祸身。

今人因交往不慎而堕落、受株连，而惹祸及身，走上犯罪道路、毁了自己一生的事，实在是太多了。人真当慎择邻，慎于交往，慎于择友，绝不可以什么地方都去，什么人都往来，什么人都当朋友，一旦受其所害，悔之晚矣。

三十八、君子不因功"轻人"、"屈身"

越石父对之曰:"臣闻之,士者诎(音屈)乎不知己,而申乎知己,故君子不以功轻人之身,不为彼功诎身。"

君子曰:"俗人之有功则德,德则骄;晏子有功,免人于厄,而反诎下之,其去俗亦远矣。此全功之道也。"

——《晏子春秋·卷五 第二十四》

【直解】

越石父:晏子所赎的一位仆臣。

对之曰:对晏子说。

诎:弯曲、屈服。此处指屈于人下。

申:伸展。此处指得志。

功：功劳。此处指有德有助于他人。

去俗亦远：远高于俗气。

全功：功德圆满，全，完整无缺。

【绝非说教】

君子屈身而高，尊重比恩惠更重要

晏子出使晋国，归途经过中牟县时，见路边有个戴破帽子，着翻毛皮袄、背柴之人在休息，以为是位君子。问知此人本是一位读书人，为生计所迫卖身于人为仆者，名叫越石父。晏子见其气质不俗，便征求他的意见后，用匹马把他从家主手中赎了出来，车载同归。

到家后晏子没理他就回房休息，越石父便要离去。晏子说："我们并无交往，路遇而为你赎身，我对你还算不够好吗？为什么还要这么急着弃我而去呢？"于是此人便回答了前面那段话："士子屈居人下，是不为他人所了解；能够伸展得志，是因为有人赏识他。所以，君子之人是不会因为有恩于人就面有德色不尊重他；也不会因为别人有恩德于己就委屈自己。我做了三年仆人，也没人把我当回事，所以我以为你是理解我的人，才同意由你赎身。而今看来，你也同样视我为仆人，那还不如把我再卖了吧！"用冷淡试探此人的晏子见其果非一般仆人，便以礼相待，以为上宾。

127

君子之人听说此事后便评价道："世人做好事便以为有德，就傲慢于人。晏子有德于人而屈身礼敬，以全其德，这才是超越于俗人之上的君子之行啊！"

人可以施于人，但一定不可以此骄慢于人。人的自尊心永远大于感恩之心，而且感恩之心未必人人都有，所以千万别把自己有助于人当回事记着。人也不可以受恩于人，便失去自己的尊严而屈身于人。人都有自尊，所以不能只要自己的自尊而有伤他人自尊。人屈身而事，表面上你的谦卑仿佛是低人一等，但在别人眼中，你的美德却会令你高大起来。个子高的人还要跷着脚走道，别人不把你打倒，自己也早晚摔倒。

我们都是一样的蒲公英

人的生存第一需要是吃饭；人的尊严第一需要便是尊重。而两个第一需要相比，受人尊重比受人恩惠更重要。俗人只知要求他人尊重，君子受人尊重则是因为他首先尊重他人。这就是君子与世俗之人的区别。

你越成功、越有钱、越有权，越受世人嫉愤。你再气焰熏天，傲气凌人，那人家一定要把你打倒。如果你能以常人心态对待所有身外之物，以德待人、屈身以降，那人们却会给你多于常人的尊重。所以说君子屈身以事，你一屈身好像马上矮了一头，但只此一屈，却不知在世人心中高出多少。所以连古罗马的西塞罗都说：人越是成功的时候，越要低着头走路。

看来古今中外的人都是天生此心。就像蒲公英，不管长在中国、美国；长在亚洲、欧洲；长在金銮殿上还是长在粪土堆上，都是一样的叶片一样的花，都需要土地、雨露和阳光。你的恩德，便是他人的雨露；你的屈身，便是他人的阳光；而所有的人都是蒲公英的子孙，都需要生长在同样的土地上。

人啊！永远不要忘记：自己的需要，也是他人的需要。

三十九、士君子所忧：不能以一身而尽容天下之善

晏子曰："燕，万乘之国也；齐，千里之涂也。泯子午以万乘之国为不足悦，以千里之涂为不足远，则是千万人之上也。且犹不能殚其言于我，况乎齐人之怀善而死者乎！吾所以不得睹者，岂不多矣！然吾失此，何之有也。"

——《晏子春秋·卷五 第二十六》

【直解】

千里之涂：齐国土地广阔，要走一千里的路才到尽头。

殚：尽。

这段话是在燕国大学者泯子午来拜见晏子走后，他回答侍

者的一段话。意思是：像这样的一个人见我都无法把自己的见解说完整，那么国人该有多少人都把好见解带到坟墓中去了呢？我还有什么功德可言呢？

什么叫"先声夺人"

燕国有一个很有学问的说客，叫泯子午，有著述三百篇。来到齐国拜见晏子时，却紧张得不知从何说起。晏子马上谦辞卑礼地安慰他，让他能正常谈出自己的见解。客人走后，晏子自己却在那里久久忧思不已。侍者问他为何面有忧色？他答了前面那段话，大意是：燕、齐这样的大国，他都不以为意，不在乎，称得上是"千万人之上"的人，可是我仍不能让他在我面前从容陈述完自己的见解。更何况我们齐国人中会有多少贤人，把他们好的见解都带到坟墓中去了，而我所知道的才有多少啊？让这么多美善的东西都失去了，我还有什么功德呢？

晏子的自我反思，自是君子所为。但仔细想一下，一个把最为强大的齐国、燕国都不当回事的人，又是个大说客，为什么见到了晏子都紧张到如此程度呢？是怕他的官位吗？但他既不想留在齐国，晏子与他也没有利害关系；怕自己学问不如人吗？晏子又不是大学问家。而自己又非不学无术之人。那他怎么会紧张如此呢？晏子的名气太大了，什么叫"先声夺人"？

就是没见面，靠名声便把对方夺气征服了。晏子的服人之处在他立身严正，有道是公生明而廉生威，看来做人还是要有一个"正"字。有麝自来香，不用大风扬。信哉！

君子虚怀若谷；杯子有用的是空处

人们为什么常讲虚怀若谷？因为谷地卑低空旷。正因为它低而虚，所以能容纳万物，所以它永远不空不虚：那些山水雨水都向这里流；那些高高在上的山峰脊背、岗坡上的壤土也向这里淤积。于是便有满谷的草丰树茂，便又有了鸟兽群集。还有哪里能比这即低又空空如也的谷地富有呢？但它们从不向大山炫耀，也从不抱怨大山挡住了它们的视线。而永远在大山的怀抱中无闻地昌盛着。

庄子也讲过一个类似的说法：杯盘之类的容器，最有用的地方，不是可见的物质外壳，而是其中的空虚之处，正由其空而能容物。做人第一还是虚心好，只有虚心才有物进之用，否则便是无用之物。

四十、"君子之事"节于得 而俭于用自有名宠两全

晏子对曰："婴闻之，节受于上者，宠长于君；俭居处者，名广于外。夫长宠广名，君子之事也，婴独庸能已乎？"

——《晏子春秋·卷五 第二十》

【直解】

"对曰"：晏子回答齐国贵族田桓子劝他不要拒收君主所赐封地时的答词。

节受于上：减少从君主那里得到赏赐。节，此处为缩小、减小、不受；受：接受、得到。

宠长于君：君主的恩宠信任才会长久。

俭居处：为官者居家节俭清贫。

名广于外：在外面才有好名声广为传扬，才能够孚众。

君子之事：君子应做的。

独庸能已：为什么偏偏自己不去做到。独，偏偏，一个人；庸：为什么；能已，不去做。

晏子这段话的大意是：人臣不能老向上讨要、接受财物封赏；而居家自应俭约度日。如此虽少得而俭用，则个人名声、上属信用得以两相长久。

【绝非说教】

君子不拒富贵，却不可改易"贫善"之师

景公封地于晏子，晏子坚辞不受。田桓子劝他说："这样做不辜负了君主的欢心吗？为什么呢？"于是，晏子以上面那段话做了回答。以此可见其操守。他不仅认为节俭不贪是"君子之事"而且在实践中也一以贯之：

晏子虽为国相，但衣粗布，吃粗米，以鸡蛋和苔莱为副食。臣子把他家贫的情况报告了景公，景公赐他以两县的封地，但他却不肯接受，而对景公说：如果从前的君主一直封给臣子土地，到您这儿，齐国不早就没有国家的土地了吗？有一次正在吃饭，有景公的使者突然来到，于是两个人一起边吃边谈。还没吃饱，饭菜就没有了。使者又把他家的清贫向景公汇报，景公知道后叹道："怎么能想到我的国相家中如此贫困

呢？"马上以"招待客人费"的名义派人送很多钱过去，一连多次而晏子不收，最后盛情难却，收下了，却把这些钱以皇恩名义分给了三族之亲和朋友，接济了一些贫穷百姓。

后来，那个奸臣梁丘据也自叹不如，偶然看到他家的菜中连肉都没有，让他感动了，便报告给景公。景公便又割地给他，让他收税补家。他却说道："富而不骄的人，我没听说过；而我能做到的是贫而无怨。而无怨无恨是因为我以贫善为师，如果我受封地，便等于把我的老师换了。那我就成了看轻我的老师——'贫而善'，而以封赏为重了。"

齐景公见他总是拒封赏资助，连暗地里给他建的新房，他也不肯住很不理解。便问他："君子独不欲富与贵乎？"意思是难道君子就不想富贵吗？晏子却答道："臣子当先君后己，先国后家。以国君为重，才可以安身，怎么说不想富贵呢？"景公又问他自己想要什么赏赐？晏子提了三件事说："您办了这三件事，就是对我最大的封赏。"景公说："这几件事我还真的没办，那么就由你来办吧！"哪三件事呢？①加强关税管理，打击不法奸商，而不增税收于民；②对农民实行"什一税"，只收十分之一的税，减轻农民负担；③各罪减刑一等，宽以待民。

孔子的赞语与晏子的遗嘱

节俭是晏子一生的美德，连孔子都赞叹："景公奢，晏子事之以恭俭，君子也。"在他去世前，妻子问他还有什么嘱托。他讲道："我怕死后家风有变。你要小心看守这个家，不要改变我的家风。"他又给儿子写了一份遗嘱，凿柱为洞而藏之，嘱咐等孩子长大了再给他看。遗书上写的是什么呢？四条：①别缺布，缺布没有衣带可饰了；②别缺牛马，否则没拉车的了；③不能没读书人，否则国家没人才可用了；④国不可穷，国家穷了，我们就无以为生了。一个大国首相的遗言竟如此，可悯？可叹？可敬？

晏子一生何以"六服"天下之人

晏子一生以忠诚、正直、仁义、智慧、恭俭而六服天下：

其一，令圣人赞服：孔子、墨子交相赞其为君子，知治国之道，服其以一心而事三君之忠诚。晏子拜见孔子离去后，孔子还对弟子赞道："救民之姓而不夸，行补三君而不有，晏子果君子也。"孔子有一次稍微错误地议论一下晏子，但知道错了以后就说："君子过人以为友，不及人以为师。""而今我失言于先生（晏子），而受到他的讥讽，他是我的老师啊！"并先派人去谢罪，又亲自去拜见晏子道歉。

其二，令天下诸侯敬服：只要晏子在位，各侯国相敬于齐；出使各国无不以其礼、智、仁、义，而令各国君臣叹服，礼为上宾，而从不辱使命，不屈国格、人格。

其三，令君主亲服。虽因直道事人而屡次辞职，屡罢其官，但终由其以国事为重，克俭自律无私，而得君主倚重。虽曾一日三谏，而齐景公计听言从而宠信有加。闻其死讯，还在临淄游玩的齐景公催马返程，嫌车慢就下车跑；跑不过车就再上车。如此上下四次才回到都城直奔其家，边走边哭。入门"伏尸而号"，对亡者哭诉："先生日夜责我不留一点尺寸，而我仍不改过而积罪于百姓，天怎么不把此罪加于我，而加给了先生？国家社稷危险了，百姓还找谁去诉说？"大臣劝他这不是君主对臣子行唁的礼节，太过了。景公讲道："还讲什么礼啊？还有谁能像先生那样一日而三责寡人呢？我的先生已不在了，还有什么礼不礼的？"

其四，令士大夫佩服：晏子去世十七年后，景公与臣子们饮酒较射，一箭射离了靶子好远，群臣却是满堂喝彩，叫好声"若出一口"。景公弃了弓长叹，对大臣弦章说道："自晏子先生去后，十七年没听过有人说我不对的地方，连箭射飞了，都一齐说好。"弦章却谏道："君主喜欢什么服饰，臣子就穿什么衣服；君主喜欢吃什么东西，臣子就以此为嗜。尺蠖这种虫子，吃黄的就变成黄色，吃青色的东西就变成青色的。"（"尺蠖食黄则黄，食苍则苍是也"）景公说："好，我不食谄人之言了。"于是赐给弦章五十车鱼，弦章却说"吾若受鱼，是反晏子之义"，而坚辞不受。君子曰："弦章之廉，晏子之遗行也。"

其五，令奸臣叹服：梁丘据是专门迎合景公吃喝玩乐的奸佞宠臣，不断受到晏子的弹劾，而多次被降职免职、限制权事。但久而久之，这个梁丘据，也为晏子的君子之风、浩然之气所动，自叹不如，还说此生永远赶不上晏子了。并去奏请景公帮助晏子解决他生活贫困的问题。

其六，令百姓信服：齐庄公时代，晏子便为首相，因反对他的尚武力的侵略扩张政策，而令庄公不满并把他排斥掉。但在老百姓各阶层中却威望极高。庄公为了怕攻打莒国泄密，便关闭了城门。城中百姓便以为发生了动乱，纷纷操兵器立于街路。吓得庄公马上召大臣雎休相询问怎么办。此人答道："这肯定是百姓以为朝中有无德之人，才会无事而想到有人叛乱，最好的办法是告诉大家：晏子在朝。"这个办法出奇地灵验，果然百姓一听此讯，便个个收起兵刃回家了事。足见晏子在百姓心中有多高的信服度。因为他在哪朝执政，都以民生为首计，为此而不惜去反对君主的意见，不惜丢官去职而保护民生。所以百姓相信他。

齐景公时代，晏子有一次受猜疑，而且有性命之忧，便匆匆出逃。他曾救济过的一个穷人便到宫门前自杀，另一个人也跟着自杀，用两颗人头证明晏子无罪。齐景公闻此便亲自去把晏子追了回来。君子之德，能够感天动地，这个天、地便是君臣百姓。

什么是君子？就是有赤子之心于君于民的天地之子，晏子足以称此。